le 31.03.07, Paris,

Caro, tu es of _____ nue
dans le club très _____ LS
franco. québécois..

Isabelle, chef de section France !

AVEC CAMUS

JEAN DANIEL

AVEC CAMUS

Comment résister à l'air du temps

GALLIMARD

À André Belamich

PREMIÈRE PARTIE

« Je suis a priori contre tous ceux qui croient avoir absolument raison. (...) Je suis contre tous les systèmes politiques qui croient détenir le monopole de la vérité. Je suis contre tous les monopoles idéologiques. (...) Je vomis toutes les vérités absolues et leurs applications totales. Prenez une vérité, levez-la prudemment à hauteur d'homme, voyez qui elle frappe, qui elle tue, qu'est-ce qu'elle épargne, qu'est-ce qu'elle rejette, sentez-la longuement, voyez si ça ne sent pas le cadavre, goûtez en gardant un bon moment sur la langue – mais soyez toujours prêts à recracher immédiatement. C'est cela, la démocratie. C'est le droit de recracher. (...) »

Romain Gary
« l'Affaire homme »

Pourquoi

Jamais les contemporains de Camus, même les plus admiratifs de son œuvre, n'auraient pu se douter que la postérité lui serait à ce point favorable. Je n'ai certes pas été plus devin que les autres. Aurais-je cru que je l'étais, je ne me serais pas fait confiance : nous ne prenions pas alors les caprices de nos ferveurs pour des verdicts de l'histoire. Au demeurant, je suis plus sensible au plaisir que peut me donner une œuvre qu'aux spéculations sur sa durée. À François Mitterrand qui me disait : « Votre Malraux sera très vite oublié », j'ai répondu seulement « Et alors ? » Bon prince, il a répondu : « En effet. » En tout cas, même la consécration du prix Nobel n'a pas fait, à l'époque, augurer à qui que ce soit le rôle, le rang et le statut qui sont aujourd'hui ceux de Camus aux côtés des plus grands. Lui-même, si précocement conscient qu'il ait été de son destin, n'a jamais évoqué ses maîtres et ses idoles qu'avec une gratitude empreinte d'évidente humilité. « *J'ai commencé à vivre dans l'admiration, ce qui, dans un sens, est le paradis terrestre (...) Les êtres que j'ai aimés ont toujours été meilleurs et plus grands que moi.* » Que se passe-t-il alors ? Pas plus que la célébration du cinquantenaire de sa mort, la publication de la nouvelle édition de ses œuvres complètes dans La Pléiade, pour important qu'en soit l'événement, n'explique le nombre et la qualité des hommages qui lui sont rendus, comme les thèses, les études et les colloques autour de son œuvre.

Sans doute, il y a eu et il y a encore ce phénomène exceptionnel créé par un livre court et définitif, *L'Étranger*. Aujourd'hui, presque tous les grands écrivains, notamment anglo-saxons, s'y réfèrent. Sans doute, les plus hostiles n'ont-ils pas cessé de souligner le «cadre algérien» d'une œuvre où Meursault, héros moral, est supposé vivre dans le contexte immoral de la colonisation. Mais cette interprétation intéressante, faite de l'inconscient colonial de Camus par un grand intellectuel américano-palestinien, Edward W. Said, ne résiste plus à l'examen. En revanche, on y a vu d'abord l'empreinte du Malraux de *La Voie royale* et le Sartre de *La Nausée*. On a cru pouvoir ensuite y découvrir les influences croisées de Kafka et de Hemingway. Le philosophe Paul Ricœur, quelques années avant sa mort, affirme que *L'Étranger* est plus actuel que jamais car il installe le lecteur dans une «expression temporelle fictive». L'un des plus grands groupes de rock contemporains, The Cure, s'inspire de *L'Étranger* dans une chanson où Robert Smith dit qu'il a condensé les thèmes les plus forts du roman d'Albert Camus. Le titre avait été d'abord *Killing an Arab*. Il est devenu ensuite *Kissing an Arab*. Le thème est celui du défi. Le compositeur ne se doutait pas que l'on a souvent rapproché la mort de Meursault dans *L'Étranger* de celle de Julien Sorel dans *Le Rouge et le Noir* sur la façon que ces héros ont d'accepter la mort comme s'ils désiraient confirmer l'absurdité du monde auquel appartiennent les juges. Quant à George Bush, il a laissé dire qu'il lisait *L'Étranger* dans son ranch du Texas, ce qui a d'ailleurs été jugé injurieux pour Camus parmi les intellectuels new-yorkais. Toutes les interprétations ont été imaginées et l'auteur de ces lignes, on le verra plus loin, n'y a pas manqué. Mais c'est un fait auquel aujourd'hui tout le monde consent. *L'Étranger* n'est réductible à rien d'autre qu'aux éclairs de génie du jeune Camus.

Reste à donner l'explication de la pérennité de l'ensemble d'une œuvre et, plus précisément aujourd'hui, de son actualité. Il se trouve que les thèmes de l'absurdité du monde et du refus de s'en accommoder, le besoin du bonheur et l'impossibilité d'y accéder, les thèmes du Mal (et de la violence), l'émergence d'une nouvelle mémoire de la guerre d'Algérie et de la décolonisation, le problème, dans tout conflit, des rapports entre la fin et les moyens, enfin et surtout la question incontournable de la mort et de la renaissance de Dieu ont attiré ou fait revenir des légions de lecteurs à certains textes ou à certaines attitudes essentielles de l'auteur de *L'Homme révolté*.

Comment sortir de l'absurde autrement que par le nihilisme ou par la foi? L'avenir est-il «la seule transcendance des êtres privés de Dieu» (Camus)? Mais n'affirme-t-on pas aujourd'hui que Dieu est le seul recours des êtres privés d'avenir? Peut-on imaginer des saints sans dieu? Peuvent-ils rester saints lorsqu'ils affrontent des militants de l'Absolu en recourant aux mêmes méthodes que leurs ennemis? Ce sont encore ou à nouveau les questions de notre siècle. À ces questions répondent des «intellectuels». Mais il se trouve que, dans l'urgence, des journalistes y répondent aussi à leur manière. Or j'ai cru déduire du parcours de Camus qu'il privilégiait volontiers le journalisme comme forme d'expression et de réflexion sur ces questions. Comme si une sorte de nouvelle éthique du journalisme pouvait s'élaborer grâce à une relecture de Camus dans les passions et la confusion de ce que l'on appelle la modernité. J'avais déjà eu cette intuition avec Alain, le philosophe, avec ses *Propos* comme François Mauriac avec son inépuisable *Bloc-Notes*. Avec Hemingway aussi, bien sûr, lorsqu'il est correspondant de guerre. Pour Camus, c'était plus évident dans la mesure où l'exercice de l'écriture stimulée par l'éphémère paraissait lui inspirer, bien plus qu'aux autres et dans la durée, une réflexion sur la condition humaine. Les réactions suscitées par l'événement l'ont mis sur la piste de principes qu'il devait plus tard conceptualiser.

On avait jusque-là tendance à ne retenir que les grandes polémiques avec François Mauriac, d'Astier de La Vigerie, André Breton, Gabriel Marcel et Jean-Paul Sartre. Mais ce sont là des œuvres d'écrivain et qui, en d'autres temps n'eussent constitué qu'une correspondance comme celle par exemple entre Rousseau et Diderot. Sans doute Camus y donne-t-il la mesure de son talent de pamphlétaire, de son habileté dans la repartie hautaine, un peu crispée, mais presque toujours très bien ajustée : on a pu douter que du seul point de vue de la polémique philosophique Camus ait eu vraiment le dessus dans sa joute avec Sartre mais ce n'est pas pour rien qu'on cite encore sa terrible flèche contre «les censeurs qui n'ont jamais placé que leur fauteuil dans le sens de l'Histoire.» Sans doute aussi pourrait-on voir dans ces polémiques la recension des principes auxquels le journaliste en lui s'est constamment référé.

Mais rien, dans ces duels de grand style, ne concerne l'essence du journalisme et l'apport de Camus à cette essence. Ce qui reste de Camus sur le journalisme, il faut le chercher ailleurs. Et d'abord dans l'ambiguïté épanouie et crispée des sentiments que le métier de journaliste lui inspirait.

Parmi les explications de la pérennité de son œuvre, ce serait une erreur d'oublier que Camus, journaliste ou pas, est d'abord et avant tout un écrivain et que l'ascendant de son style est redécouvert (et qu'il en impose) à chaque lecture. On a beaucoup débattu en France de « l'excessive perfection » de ce style. Le grand public s'en est aperçu pendant le mois d'août 2006 lorsque France-Culture a diffusé certains textes parmi les plus beaux et les plus denses et qui étaient lus soit par Camus lui-même soit par des acteurs. Sartre en était arrivé à reprocher à Camus d'écrire trop bien, d'atteindre un classicisme inutilement irréprochable et de réussir à fabriquer un objet trop entièrement lisse. Camus, évidemment, n'est pas Céline ni Jean Genet. C'est une polémique toujours vivante en France entre les héritiers de Rabelais et de Balzac d'un côté et ceux de Racine et de Stendhal de l'autre. Mais lorsque l'on a dit cela, on n'est pas plus avancé. Au moins Bernard Frank était-il plus drôle lorsqu'il remarquait que certaines phrases de Camus paraissaient un peu trop « amidonnées ». Il reste que l'écriture de notre auteur est exceptionnellement adaptée à son propos. À certains moments, c'est comme si on retrouvait du Montherlant dans Chamfort, du Pascal dans Valéry, ces quatre noms n'étant pas cités au hasard. Au cœur de la rigoureuse simplicité de la phrase, Camus fait entendre un certain chant pathétique. L'apparente et sèche neutralité du constat est toujours emplie d'un frémissement sacré. On passe du lyrisme des actions de grâce à la crainte et aux tremblements des prières lucides. Mais revenons au journalisme.

Un jour, Edwy Plenel nous avait invités, Jacqueline Lévi-Valensi et moi, à échanger des vues et des pensées (ou, pour moi, des souvenirs) sur Camus à son émission de télévision sur LCI. J'ai toujours eu pour Jacqueline une estime admirative et affectueuse. Personne (pour autant que je puisse en juger depuis que les grands camusiens prolifèrent dans le monde) ne m'a paru aussi érudit, aussi pénétrant, aussi en accord naturel avec l'œuvre et l'univers de Camus. Elle m'a appris bien des choses, parfois essentielles. Il lui est ainsi arrivé de corriger ou d'infléchir mon témoignage grâce à l'entreprise de reconstitution que ses méthodes d'historienne lui imposaient. Reste que ce jour-là ses conclusions ne rejoignent en rien mes souvenirs. Au fond, disait-elle, Camus n'aimait pas le journalisme. Diable ! Elle connaissait l'œuvre. Mais j'avais eu tout de même, moi, le privilège de connaître l'homme. Je me suis insurgé contre son jugement. C'est dans une revue que j'avais dirigée, *Caliban*, que Camus avait affirmé que le journalisme était « le plus beau métier du monde ». Mais je me suis ensuite inquiété de savoir pourquoi la femme qui devait établir la seconde version des *Œuvres complètes* de Camus dans La Pléiade avait décidé que Camus aurait finalement renié, dans son intime, le jugement qu'il m'avait confié.

Après tout, mais comme tous les grands écrivains, notamment américains, Camus avait consacré peu de temps à une pratique régulière du journalisme. Il y avait eu *Alger Républicain* en 1935, *Paris-Soir* en 1942 sous l'Occupation, la fabrication clandestine des numéros de *Combat*, la direction effective de *Combat* après la Libération, une «protection» donnée à *Caliban* avant de collaborer à *L'Express* de Servan-Schreiber pendant un peu plus d'un an en 1956. Cela est vrai, mais ce dont il se souvenait avec le plus de vivacité et d'intérêt lorsqu'il évoquait le journalisme, c'était d'avoir dirigé lui-même et lui seul un quotidien. Car s'il avait sans doute l'habitude de parler de «l'équipe des amis de *Combat*», c'est lui qui animait, imaginait, impulsait et finalement créait chaque nuit le journal qui allait sortir au petit matin.

À l'époque, d'ailleurs, et pendant un peu de temps ensuite, les journaux, et surtout, bien sûr, les journaux d'opinion, étaient identifiés à une personnalité. Avant la guerre, il y avait eu *Monde* de Henri Barbusse, *Vendredi* de Martin-Chauffier et Guéhenno, *Marianne* d'Emmanuel Berl et *Candide* de Henri Beraud. Après la guerre, il y eut le *Combat* de Camus, *Le Monde* de Beuve-Méry, *Le Figaro* de Pierre Brisson, *France Observateur* de Bourdet, *L'Express* de Servan-Schreiber, *Le Nouvel Observateur* dont j'ai fondé la rédaction, et, plus tard, *Libération* de Serge July, *L'Événément du Jeudi* de Jean-François Kahn. C'est l'époque où la direction d'un journal dévorait la vie des directeurs. Aucun d'entre eux n'aurait pensé à prendre des vacances au-delà de quinze jours, à ne pas interrompre ces courtes vacances en cas de besoin, à écrire un livre ou à se produire dans les médias qui étaient surtout ceux de la radio.

C'est cette vie à la fois passionnée et frustrante, mobilisatrice et culpabilisante, intense et vaine, urgente et périssable, que Camus a fougueusement aimée comme il devait le faire pour le théâtre. Mais il est vrai qu'il a désavoué la détention d'un injuste pouvoir, la tentation de distribuer le blâme et l'éloge, la difficile résistance au culte de la mode et de l'air du temps, la compétition entre les rivaux, le dénigrement transformé en système et les courtisans de tous les pouvoirs. Pourquoi ? Simplement parce que c'est aussi cela, le journalisme. Camus avait évidemment lu *Les Illusions perdues* et il n'ignorait pas le mot de Balzac : « Si la presse n'existait pas, il faudrait surtout ne pas l'inventer. »

En fait, on peut dire que le journalisme dont Camus gardait la nostalgie résidait dans le pari qu'on ne lui avait pas laissé le temps de tenir : concevoir un journal qui bannirait toutes les formes de mensonges, dont la vertu serait tout de même divertissante et où trois principes seraient farouchement défendus, ceux « de la justice, de l'honneur et du bonheur ». Triptyque plus étonnant qu'il n'y paraît. Quel homme de gauche ose ainsi parler de *l'honneur* comme idéal ? Nul autre que Camus. N'oublions jamais l'hispanité de Camus : pour lui, l'esprit espagnol se caractérise d'un côté par sa « folie de l'honneur » et de l'autre par son sens du tragique. Ce donquichottisme, il le transportera partout, même dans le journalisme.

Reste à savoir ce que peut nous apporter Camus dans un monde médiatique qui dépend d'abord et avant tout de l'image et de la publicité mais aussi, désormais, de l'Internet, du viol recommandé de la vie privée au nom de la « transparence », de la prolifération des publications porteuses des scandales du sexe ou de l'argent. Et en fin de compte, un siècle dominé par l'obligation de la *vitesse*. On y reviendra. Mais déjà nous savons que nous allons trouver dans l'éthique camusienne de la communication une réponse au bouleversement des valeurs que subit notre siècle. L'information critique, c'est d'abord le pari passionné que l'on peut intéresser et «fidéliser» le lecteur en lui donnant à penser, même et surtout en le distrayant, sans jamais flatter son goût pour la paresse et la vulgarité. Au départ, comme dans toute éthique, il y a évidemment une morale, des principes, une discipline, une contrainte. Tout ce que les chartes des sociétés de rédacteurs rêvent d'observer dans leurs journaux. L'information critique, c'est à vrai dire aussi, chez Camus, une ambition non formulée de créer un «fait journalistique» parce qu'il écrivait au temps où l'on tenait pour certaine l'existence d'un «fait sociologique» et d'un «fait scientifique». L'objectif est de respecter ceux à qui on s'adresse et grâce auxquels on peut vivre. Cela n'exclut nullement, à la condition qu'elle soit transparente, l'adaptation à l'évolution des valeurs d'une société donnée. En somme une réponse modeste d'aspect, austère d'application et cependant d'une ambition démesurée.

Cette réponse est-elle valable pour tous? La question, aujourd'hui, est presque incongrue. Mais ne convient-il pas de délimiter son lectorat et de définir son public? Dans quelle mesure peut-on résister aux caprices, éventuellement vicieux, d'un certain nombre de lecteurs, même exigeants? Tous ceux qui résistent, à leur manière, aux dérives publicitaires ou mercantiles de l'économie de marché, comme ailleurs à la servilité imposée par les totalitarismes, sont confrontés à ces questions. Aujourd'hui en particulier, où l'on voit des grandes entreprises défendre une idée ou un homme comme on lance une marque de dentifrice; où l'on voit, dans le «tiers monde» en particulier, les hommes qui se sont battus pour les libertés transformer les journalistes en laquais. On a dit que Camus s'était plus facilement que d'autres investi d'une *mission*. Mais c'est elle qu'il nous faut prolonger sous peine de *démission*. C'est ce qui reste de l'exemple donné par Camus.

Ce qui reste aussi, c'est une image de Camus combattant pour ce que l'on pourrait appeler les aventures de la vérité. On évoque alors le directeur de *Combat*, dans son trench-coat de détective privé, promenant son personnage à la Humphrey Bogart, intense et austère, chaleureux et tendu, sensuel et puritain. Il sort des bureaux du journal, entouré de jeunes confrères harassés mais attentifs, il fume cigarette sur cigarette ; après un long silence nourri de la pensée qu'il va falloir abandonner le journal, il trouve le sourire le plus fraternel, le plus contagieux, le plus délivrant et, entraînant son groupe vers une boîte de nuit, il dit : « Cela vaut la peine de se battre pour un métier pareil ! » Il y a eu plusieurs films américains sur ce thème et qui ont campé de tels personnages. *Bas les masques !* avait d'ailleurs pour héros Humphrey Bogart.

Reste que mon propos, dans le présent témoignage, ne s'insère ni dans la réflexion sur la communication (ou médiation), ni sur la médiologie à laquelle Régis Debray se consacre. Camus journaliste, c'est Camus bataillant contre son époque, c'est-à-dire celle du colonialisme, des totalitarismes et de la terreur. J'ai écrit que le stupéfiant recours à Camus auquel nous assistons traduisait à la fois un refus de l'Histoire, une incapacité au moins pour les Occidentaux à se réfugier dans la seule transcendance et aussi une sorte de consentement, moral et actif, à la révolte et au bonheur. Mais face aux différentes formes modernes de la terreur, nous ne savons plus toujours très bien en quoi consiste le «métier d'homme». Quelques observations liminaires m'aideront à soumettre au lecteur le dernier état d'une vision évidemment subjective sur Camus.

La première observation, c'est que ce retour – et ce recours – concerne une œuvre que son auteur considérait comme inachevée. À Charles Poncet, il a dit qu'il n'avait réalisé que le quart de son plan élaboré à vingt ans. Quant à Claude Vigée, il nous rapporte de manière plus précise que, dans les derniers mois de sa vie, Camus ne voyait dans ses ouvrages publiés que les prolégomènes à l'œuvre future qui seule importerait et lui donnerait sa véritable place dans le paysage spirituel du siècle. De *L'Étranger* à *La Chute*, tout n'aurait été ainsi que tâtonnements, ébauches, sinon brouillons pour préparer les livres majeurs, l'accession au Royaume ne pouvant se mériter qu'après le désert de l'exil. Comment, dans ces conditions, s'adosser à l'inachevé? C'est une question que je cite parce qu'elle est posée mais que je trouve dépourvue d'intérêt. D'abord parce que, dans mon intime, je doute, à tort ou à raison, que Camus ait été complètement sincère en tenant pour secondaire ce qu'il avait déjà publié. Sa «Défense de *l'Homme révolté*» a parfois les accents d'un message dont les contours sont précisément dessinés. Ensuite parce que les publications posthumes du *Premier Homme*, l'œuvre dont il détenait le manuscrit lors de son accident mortel et que Catherine Camus, sa fille, a savamment et admirablement reconstitué ne fait que parachever, compléter, prolonger et parfois magnifier les moments les plus beaux de ses œuvres publiées. Mais je ne peux résister à l'enchantement de relater ce que William Faulkner a écrit après la mort de Camus et dont on peut trouver le texte dans le numéro spécial d'hommage de la *NRF* : « On dira qu'il était trop jeune, qu'il n'a pas eu le temps d'achever. Mais la question n'est pas *combien de temps*, ni *quelle quantité*, mais simplement *quoi*. Lorsque pour lui la porte s'est fermée, il avait déjà écrit ce que tout artiste espère écrire lorsqu'il porte à travers la vie la connaissance par avance et la haine de la mort : *J'étais là*. Il continuait. Peut-être a-t-il su, dans cette éclatante seconde, qu'il avait abouti. Que pouvait-il faire de plus ? »

Une seconde observation pour dire qu'il peut y avoir un paradoxe à voir une société faire retour à une pensée ou avoir recours à une posture philosophique qui, l'une et l'autre, incitent à l'héroïsme de la contradiction plutôt qu'elles ne fournissent des réponses et des certitudes. C'est d'ailleurs la définition même de l'absurde. Il a fallu bien du temps à la société intellectuelle française pour se résigner à ce que cet essayiste, ni normalien ni agrégé, n'offre aucune de ces architectures savantes, aucune de ces cathédrales sécurisantes dans lesquelles on entre pour recevoir la lumière. On le situe enfin à sa place, c'est-à-dire dans la lignée des penseurs comme Montaigne, Pascal, Diderot, Chamfort, Nietzsche ou Benjamin Constant. Tout compte fait, Camus ne contribue nullement à laisser l'homme en repos dans sa chambre, bien que ce soit, selon Pascal, la définition du malheur de l'homme. Ce maître à penser est plus exemplaire que doctrinaire, plus témoin que juge, plus contagieux que persuasif.

Il est risqué, infidèle et non camusien de retourner à Camus en prétendant, ce que font souvent les religieux, achever son œuvre à sa place. Mais il est au moins aussi imprudent et injustifié de voir dans son œuvre un pessimisme confortable et une complaisance dans la désillusion qui pourraient lui permettre, comme il dirait, d'installer son fauteuil dans le sens de la malédiction. Dans ces moments disons « extatiques », il se rapprocherait davantage de Pascal et de Nietzsche, ses maîtres (avec Dostoïevski et Tolstoï) que d'un Schopenhauer ou d'un Cioran. Il faut donc s'interroger sur ce besoin étrange que nous avons de Camus et qui débouche sur une acceptation de l'éclatement, un consentement à la contradiction, un accueil à l'imprévisible, non pour danser une dernière fois sur des volcans, avec les dandys de l'esthétisme, mais pour continuer d'assumer, dans le camp des humiliés et des offensés de l'histoire, ce rôle accidentel, inutile et pathétique dont l'homme hérite en accédant à une existence sur laquelle il n'a pas été consulté.

J'ai tendance à insister sur ce point parce que, régulièrement, un commentaire réapparaît sur le sens que Camus (comme malgré lui!) donnerait à son œuvre. On invite alors à voir en lui une sorte d'épicurien condamné aux bonnes œuvres, un homme qui se contraint à une sorte de compassion générale un peu niaise. Ce commentaire est plus pervers car niaiserie mise à part, il y a un peu de cela dans Camus, mais à quoi tout le reste donne un sens particulier. Si l'on oublie que l'éthique camusienne est le résultat d'une lente conquête, alors on passe à côté de l'essentiel qui est une lutte acharnée contre le nihilisme fruit de l'absurde. Sans doute est-il doué pour cette lutte. Au milieu de l'hiver, il a toujours senti en lui un « été invincible ». Une force obscure et singulière l'a toujours placé plus près du soleil que de la misère. Et cela ne supprimait en rien les tensions du combat. Cela ne peut faire oublier la pauvreté, le fait qu'il ait été orphelin, que sa mère ne savait pas lire et faisait des ménages et qu'il ait été atteint d'une maladie (la phtisie) alors incurable qui ne lui a laissé que des parenthèses, il est vrai triomphantes, de santé. L'homme qui a écrit *Noces*, une des grandes odes du XXe siècle (avec, à mes yeux, *Le Poids du ciel* de Giono) pour célébrer la plénitude méditerranéenne, les enchantements solaires et les ivresses maritimes, était un homme nu et souffrant. En somme un homme qui, viscéralement habité par le «devoir d'être heureux» – toujours Nietzsche –, combattait désespérément pour ne pas le laisser dominer par le tragique. Mais cette fois contre Nietzsche, cet «héroïsme du bonheur» n'était pas un consentement sans réserves au monde et reposait sur une éthique infrangible.

Il est bien vrai que le jeune auteur de *Noces*, et surtout de *La Mort heureuse* (qui ne sera pas publiée), est tenté de se prononcer en faveur d'une approbation sans limites du monde («le oui à l'*amor fati*») telle que *Zarathoustra* la préconise, laissant entendre que, puisque Dieu est mort, tout est permis. Mais dès que survient en Camus la réflexion, chez lui essentielle, sur la violence et sur le meurtre, alors, et comme à regret, il s'éloigne de Nietzsche. C'est le moment où il écrit, juste après la guerre, les *Lettres à un ami allemand*. C'est la période décisive où il tourne autour du problème de la fin et des moyens et de la relation entre le fait moral et le fait politique. Il décide que la violence ne saurait justifier par elle-même les entreprises humaines les plus nobles. Il dénonce le sophisme selon lequel si la violence est légitime parce que la fin est légitime, alors le seul moyen de parvenir à une fin juste est de pratiquer une violence soudain justifiée. Pour Camus, la violence est à la fois inévitable et injustifiable. Et les deux qualificatifs comptent autant l'un que l'autre. Le grand moment de sa pensée sera lorsqu'il s'opposera au concept de «violence progressive» défendu d'abord par Maurice Merleau-Ponty et que Jean-Paul Sartre va adopter. La violence progressive (ou «révolutionnaire») est justifiée parce qu'elle va dans le sens de l'Histoire et qu'elle se nie elle-même en tant que violence.

C'est une démarche très importante parce que l'on peut dire que la position de Merleau-Ponty et de Sartre va marquer de son empreinte plusieurs générations d'intellectuels marxistes ou progressistes. C'est ce qu'a rappelé François Furet en sous-estimant la lutte solitaire de Camus contre *l'air du temps*. Camus ne sait pas qu'il va bientôt, et dans ces termes mêmes, définir le rôle de l'intellectuel.

Cela dit, on peut aussi bien observer une dimension spinoziste dans le rapport que Camus entretenait avec la nature et qui le conduisait à suivre le conseil que Gide donne à son Nathanaël dans *Les Nourritures terrestres* : «ne pas chercher Dieu ailleurs que partout». S'agit-il d'un paganisme déiste qui, comme chez Spinoza, sacralise la nature ou la dote de tous les pouvoirs? Rien ne permet d'imaginer chez Camus un saut depuis le sens du sacré jusqu'au consentement au divin. Pour ma part, je sais bien ce que je tire de cette «sagesse» : une religion des incroyants pour une génération qui a vu le nazisme, le stalinisme, la décolonisation, l'atome, la guerre froide, la terreur, enfin le fanatisme religieux. Aussi le retour personnel que j'accomplis ici relève-t-il, entre autres ambitions, d'une méditation sur les présupposés philosophiques d'un journalisme engagé tel que, selon moi, Camus voulait en donner un exemple à la jeunesse. C'est pourquoi on trouvera ici, dans une première partie, une évocation existentielle de l'expérience directe du journalisme et dans une seconde, une réflexion sur ce que cette expérience implique dans les aventures éthiques de Camus.

La rencontre

1953. Je m'occupe d'une revue. Titre : *Caliban*. Coup de téléphone : «Ici Camus.» Une voix qui, à l'époque, fait frissonner, comme celle de Gérard Philipe. Je ne connaissais d'ailleurs de lui qu'une voix. Je voulais le connaître. Mais j'avais peur : d'être déçu, de décevoir. Bref, l'amour. Son aura est alors immense. À la publication de *L'Étranger* est venu s'ajouter le prestige moral de son engagement dans *Combat*, sa liaison avec Maria Casarès l'a auréolé d'une image de séducteur, Gérard Philipe – l'incarnation même de la beauté sur Terre – a joué son *Caligula* à Paris. En un mot, Camus est devenu un dieu pour ma génération.

La voix reprend : «Ici Camus, vous m'entendez?» Bien sûr, je l'entends. Il continue : «Écoutez, je voudrais savoir quels sont vos projets, qu'est-ce que vous allez publier le mois prochain?» *Caliban* consacrait chaque mois la moitié de la revue à la réédition d'un court roman jugé d'intérêt universel. Je réponds : «*La Mort d'Ivan Illitch* [de Tolstoï]. – Bravo, c'est un sommet...» Il me demande : «Et ensuite?» Je ne sais pas, j'hésite. «Permettez-vous une suggestion?» Si je permets... Camus conseille alors un livre de Louis

27

Guilloux. « Vous connaissez Guilloux ? » Non seulement je le connais mais je sais par cœur des passages du *Sang noir*. Toujours inhibé, je dis : « C'est une idée. » Soudain, je m'enhardis : « Ce qui serait formidable, c'est que vous écriviez une préface. » Et ce qui a été encore plus formidable est qu'il ait accepté de la faire à la demande d'un jeune inconnu.

Commence alors une véritable fête d'amitié qui durera un peu moins de dix ans et qui sera interrompue par notre désaccord, pour moi dramatique, sur l'Algérie. J'étais son cadet. Je ne l'avais pas connu à Alger. Je n'avais jamais été de ses intimes comme Jules Roy, Emmanuel Roblès, André Belamich, Claude de Fréminville, tant d'autres. Mais je devins vite prisonnier de son charme et de son ascendant. Au point qu'il m'a été parfois impossible de concevoir qu'il y avait eu un avant-Camus. J'épousais ses pensées et ses humeurs. Je pouvais prolonger ses phrases. Je partageais ses préventions et ses nostalgies. Je ne m'identifiais pas : j'étais identique. Camus, alors accompagné d'un cercle de dévots exigeants, trouvera le temps de se comporter comme un protecteur fraternel lorsque mon père est mort, lorsque j'ai publié mon premier livre, lorsque je me suis trouvé sans travail. Une forme d'engagement journalistique, politique et moral, nous sera plus tard commune bien sûr. Mais aussi un mélange d'hédonisme et de puritanisme, ainsi qu'un certain sens du sacré, qu'il tiendra il est vrai, je l'ai dit, éloigné de toute transcendance, alors que ma propre façon de ne pas croire sera quasi religieuse.

Chose dite, chose faite. Une semaine après, je vais chez lui avec une romancière, mon amie Marie Susini, recueillir cette préface. Je tombe sur la phrase célèbre :

« Nous sommes quelques-uns à ne pas supporter qu'on parle de la misère autrement qu'en connaissance de cause. »

Guérit-on jamais de son enfance ? La sienne, baignée de soleil et de rêves, fut donc aussi celle de la pauvreté et de la maladie. Dans le précieux livre de Herbert R. Lottman, biographie aussi monumentale que modeste et qui se contente de mettre chaque chose bien en place, on trouve cette description : « L'appartement [celui de Camus écolier] se trouve au premier et au dernier étage d'une maison du quartier ouvrier de Belcourt. Il y a deux autres appartements entre ces étages et les toilettes du couloir servent aux trois logements. Il n'y a aucune salle de bains [...]. Ni électricité, ni eau courante. [...] Le soir la mère rentre épuisée de son travail, elle se laisse tomber sur un siège les yeux rivés au sol. » À treize ans, Camus est atteint de tuberculose, ce qui fait basculer sa pauvreté dans la misère. On croit que tout est perdu. Bref, le genre de souvenirs qui laissent des traces indélébiles.

« Nous sommes quelques-uns... » C'est peut-être l'un des propos qu'on ne devait jamais lui pardonner. En une seule phrase il se mettait à dos la quasi-totalité des intellectuels de gauche. Qui était ce misérable, fier de sa misère, fils d'une femme de ménage, enfant des quartiers pauvres et qui prétendait sermonner les penseurs de la condition ouvrière ? Qui était cet homme qui n'avait pas besoin, lui, de « s'établir », comme on dira plus tard, en mai 68 ? Mais comme il osait rappeler qu'il avait une certaine autorité pour parler d'un sujet que les autres s'étaient réservé, alors on voulait le lui faire payer.

Or Camus était prêt à payer. Il ne distinguait pas

l'œuvre, la vie, la personne. Et c'est là, me semble-t-il, la seule bonne définition de l'engagement. L'idée et le terme auront néanmoins suscité au cours du siècle nombre d'égarements parmi les clercs. Cinquante ans et plus après cette première rencontre, serait-on enfin sorti du débat sur les intellectuels ? Au cas où il y aurait un doute, et comme chacun est invité à donner sa recette, voici la mienne qui est de l'ordre du souvenir vécu. Je m'émerveillais un jour devant Camus qu'il ait pu trouver, si jeune et si aisément, la force de s'opposer à tous et aux siens lorsqu'il s'avisa de s'indigner, et avec quelle superbe, que l'explosion de la première bombe atomique sur Hiroshima pût être saluée avec un enthousiasme sans réticence. Négligeant le fait (énorme, gigantesque !) que l'invention nouvelle annonçait la fin de la guerre, Camus tremblait déjà de découvrir l'homme en possession des moyens de détruire non plus seulement son ennemi mais son espèce. Il faut bien comprendre en quoi consistait la solitude de ce cri et le courage insolite d'en publier à l'époque l'expression. Comment s'écouter soi-même lorsque l'on est seul à penser ? Comment se faire confiance ? Questions qui devaient toujours me tourmenter. Comment ose-t-on se persuader que l'on a raison lorsque ceux que l'on admire vous donnent tort ?

Ma question précipita l'ancien éditorialiste de *Combat* dans un abîme de silencieuse réflexion : il reconstituait les conditions de sa solitude passée au moment de l'article sur Hiroshima. Et il finit par me répondre avec une conviction grave et en même temps jubilatoire. Il m'a dit qu'il arrivait que l'on sente, au creux même de la poitrine, surgir une *évidence* qui n'est pas celle des autres, en somme une évidence contre *l'air du temps*.

Mais peut-être, a-t-il ajouté, paraissant lentement trouver sa vérité, l'intellectuel doit-il être avant tout «un homme qui sait résister à l'air du temps».

Air du temps qui n'était pas seulement dans l'esprit de Camus ce qu'on appelle l'idéologie dominante, encore que les deux concepts ne soient pas étrangers l'un à l'autre. C'était pour lui l'environnement constitué par les amis qu'on estime, les maîtres que l'on vénère, parfois même les références intérieures. Dans un sens, cela relevait aussi de l'évidence intellectuelle, de cet impératif en somme «catégorique» et qui s'impose sans justifications. N'étions-nous pas loin, disais-je, de Julien Benda et de son texte, chaque fois cité, sur *La Trahison des clercs*? Sans doute; et Camus entendait bien demeurer gardien du temple de l'universel. Il répondait qu'il se méfiait de l'universel, que le rôle de la raison était souvent peu clair, etc. Mais il lui arrivait de trouver que l'oracle était peu explicite et qu'il fallait faire confiance alors à l'*évidence* – si on a la chance d'en être habité. Sur l'Algérie, à tort ou à raison, Camus a su résister à l'air du temps parisien, non à celui de sa famille. Pour moi, mon air, c'était lui. Sans même l'avoir décidé, je me suis aussitôt approprié, une fois pour toutes, son éthique de comportement. L'air du temps me trouverait désormais toujours à l'état de vigilance, sinon de résistance. À l'époque de la guerre d'Algérie, je rompis avec lui, que j'aimais, parce qu'il ne voulait pas préconiser comme moi une négociation avec le FLN. Mais je rompis aussitôt après avec Sartre, que j'admirais, parce qu'il refusait d'adjoindre dans le «Manifeste des 121» un texte en faveur des pieds-noirs. Je me séparai aussi de Mendès France, que je vénérais, parce que j'avais parié que de Gaulle ferait la paix en

Algérie. Je m'éloignai enfin d'amis très chers sur le terrible, le tragique problème d'Israël et des Palestiniens. Aucune de ces ruptures ne fut allègre et je n'arrivais même pas à trouver dans la difficulté qu'il y avait à les accomplir le signe supplémentaire que j'avais raison de m'y livrer. Les conversations que j'eus à cette époque avec Camus, il me semble que je les réentends, avec la même urgence et le même pathétique, au moment où l'on débat de la valeur comparée des guerres saintes et de la forme singulière que revêt l'engagement politique dans le journalisme. Est-il en effet une meilleure situation, plus contraignante surtout, pour s'interroger sur la résistance à l'air du temps ? À chaque moment, on peut se demander : Que ferait Camus ? Mais d'abord, qu'a-t-il fait ?

Un journaliste comblé

J'ai dit que Camus fut heureux dans son métier d'éditorialiste. Devant certains portraits que l'on a pu tracer de lui, l'impatience vient de ce que les images de bonheur y sont par trop négligées. Or, pour ceux qui l'ont connu, ces images restent en définitive les plus vives. Pour savoir ce que peut être un homme heureux, il faut sans doute avoir vu Camus devant la mer et dans le soleil, passionné par un match de football, ou ravi de se mêler aux danseurs dans un bal populaire; mais pour avoir le spectacle d'un homme comblé, il faut avoir surpris Camus en train de préparer une mise en scène de théâtre, ou encore, et c'est ce qui nous occupe ici, étudier une mise en page. Au marbre parmi les typographes, dans la salle de rédaction rédigeant un éditorial, dans une conférence de rédacteurs réagissant sur l'événement, il vivait la plénitude d'un équilibre dynamique.

Constater cela c'est en fait, déjà, presque tout dire. Cela revient en effet à décrire la façon dont Camus vivait son journalisme. Il était comblé : donc en accord avec lui-même; sans nostalgie; sans aucun regret de ce que le journalisme l'empêchait de faire, bref, sans aucun de ces drames intérieurs qui définissent la grande majorité des journalistes comme des exilés : littérateurs refoulés, philosophes aigris ou professeurs repentis. Pour Camus, le journalisme n'était pas l'exil mais le royaume. Il y était chez lui. J'ai déjà rappelé qu'il ne sous-estimait en rien les limites de ce métier. Il a dit au contraire combien trois servitudes, notamment, lui pesaient : d'avoir à tenir compte de l'opinion de trop de gens à la fois et donc de dire toujours moins qu'on ne voudrait dire ; d'avoir à écrire rapidement et donc de ne pas « revoir sa pensée » ; surtout enfin de ne pouvoir éviter de se faire des ennemis, ce dont il avait horreur : « C'est une souffrance perpétuelle, confia-t-il à un typographe, car il faut bien convenir que nous sommes dans la métropole de la méchanceté, du dénigrement et du mensonge systématiques. »

Mais rien de tout cela ne lui paraissait compromettre l'essence du journalisme ; et d'ailleurs, lui qui ne séparait jamais les genres et qui cherchait dans toutes les sociétés les artisans et les artistes, il aimait la difficulté, croyait que rien n'est donné et tout se gagne, et affirmait que du fait même de ses contraintes spécifiques le journalisme était un des plus beaux métiers qu'il connût. À certaines conditions, bien sûr, on va le voir. Mais ce qui irritait le plus Camus, c'était qu'on pût être journaliste et mépriser son métier ; que l'on s'autorisât de ce mépris pour contribuer à l'avilissement du journalisme. Ici comme ailleurs, Camus refusait en somme que la dénonciation de l'hypocrisie pût servir d'alibi au cynisme. « Même si rien n'existe, tout n'est pas permis. » Or, dans le journalisme autant que dans l'art, si la lucidité peut mener à chaque instant au pessimisme, elle ne peut conduire au nihilisme sous peine de se nier.

Aux journalistes malheureux de l'être, et qui pouvaient faire autre chose, Camus conseillait d'abandonner leur métier. Le plus vite possible, non pas tant pour eux-mêmes que pour le journalisme. L'attitude aujourd'hui répandue de faire de luxueux procès des médias en y collaborant tous les jours lui serait sans doute insupportable.

À la même époque, l'attitude de Sartre était diamétralement opposée. Il méprisait à peu près tout dans le journalisme. En fait, il ne lui reconnaissait qu'un seul mérite, celui de contribuer à la décomposition de la société bourgeoise dominée par les «salauds» de la bonne conscience et de la mauvaise foi. Il a encouragé certains de ses jeunes protégés à collaborer à cette presse pour précipiter les crises sociales et lutter contre l'aliénation. Il avait écrit pour *Combat* un reportage incertain sur les États-Unis que Camus lui avait demandé. Plus tard, il devait publier une série d'articles dans *France-Soir* pour défendre Fidel Castro contre l'impérialisme américain. Il fallait se servir de la presse, à l'occasion, mais jamais la servir. Lorsque nous avons fondé *Le Nouvel Observateur*, et même en le parrainant, il a dit : «N'hésitez pas à faire dans le sang et dans le sexe. C'est ce qui plaît au bourgeois et culpabilise son plaisir.»

Quant au «petit copain» de Sartre à Normale Sup, Raymond Aron, il avait, lui, une sorte de respect institutionnel pour les grands journaux comme l'ambition, d'ailleurs justifiée, de tirer une autorité supplémentaire dans ses interventions médiatiques du fait qu'il était professeur au Collège de France. De Gaulle, qui le détestait cordialement, disait : «Raymond Aron, professeur au *Figaro* et journaliste au Collège de France.»

Cela n'a jamais empêché Raymond Aron de trouver misérablement superficielles les analyses qui se publiaient dans les gazettes – hormis, bien entendu, la sienne (*Le Figaro*). Souvent, cet hégélien réaliste trouvait des avantages à être un pur esprit. C'était au moins la possibilité de bien conduire sa raison. Sur l'Algérie, pensant à Camus et à Sartre et se félicitant à bon droit de sa lucidité, il a écrit : « J'ai eu, moi, l'avantage de ne rien connaître sur la question algérienne. » En fait, c'est finalement François Mauriac qui définira le mieux le rôle que notre génération, et grâce à Camus, attribuait au journalisme : «*J'ai pris le journalisme au sérieux : c'est pour moi le seul genre auquel convienne l'expression de «littérature engagée». La valeur de l'engagement m'importe ici au même titre que la valeur littéraire : je ne les sépare pas...*»

De même, Camus, ce puritain agnostique, s'accommodait parfaitement d'une profession surtout discréditée, finalement, par ceux qui l'exercent. Dans l'activité pétulante qu'il déployait, on pouvait déceler à quel point le journalisme était pour lui justifié : combien peu il se souciait de lui trouver on ne sait quelle excuse. Il est vrai que dans le journalisme, il trouva d'abord une communauté : le travail en équipe, la camaraderie de l'effort, l'intense complicité artisanale des bâtisseurs, le partage viril et fraternel des contraintes. Camus admirait depuis toujours les artisans, les hommes d'un métier, les ouvriers manuels dont le travail n'est pas encore aliéné par les révolutions industrielles. L'une des nouvelles qu'il a écrites avec le plus de ferveur, *L'Exil et le Royaume,* se situe dans un atelier de tonneliers. C'était, on le sait, le métier de l'oncle de Camus. Ces tonneliers se comportent humainement comme les typos les plus estimables que Camus ait fréquentés. Une certaine humanité idéale y est décrite : silencieux, sobres, graves, amoureux de leur travail, naturellement solidaires, sachant apprécier avec la même volupté pudique une anisette et les premières étoiles qui apparaissent au-dessus du port encore embrasé d'Alger, ces tonneliers pourraient être des personnages de Tolstoï. *Les Muets* (c'est le titre de la nouvelle), c'est *Maître et Serviteur* à Alger. Et Camus devait retrouver Tolstoï, à Paris, dans les syndicats du livre.

Tolstoï, mais aussi Federico Garcia Lorca. Car il y avait l'impétueuse joie de la dépense physique, les nuits que l'on ne peut pas ne pas prolonger après la dernière page partie pour la fabrication, les amis que l'on ne peut plus quitter après douze heures d'obsession commune, le dernier verre, le dernier regard de femme, la dernière danse et puis, soudain, dans les vertiges du petit matin, la complaisante amertume que donnent la conscience de l'éphémère, la découverte de la vanité, l'interrogation sur le destin : vers trois heures du matin on peut trouver dans les rues de toutes les capitales du monde des journalistes errants et qui passent du surmenage au vide et du désenchantement à la débauche. Sur ce chemin dostoïevskien, Camus prétendait se retenir. « Aussi déchaîné dans le travail que dans le plaisir », disait-il de lui-même. Il s'arrêtait à Lorca. Le bonheur ne lui est jamais apparu coupable, ni le plaisir suspect. À la condition d'y associer une notion aujourd'hui douteuse, s'il faut en croire les auteurs de « contre-expertises », celle de la responsabilité.

Genèse d'une vocation

Et d'abord comment Camus est-il devenu journaliste ? Pour tous ceux qui méditent sur notre métier, rien n'est plus stimulant que de reconstituer le parcours d'un homme d'exception. Dans ce cas, cette genèse est aisée. Il y a au départ, dans le journalisme, le goût de l'expression ; le besoin de regarder en soi et devant soi, pour transmettre ; le désir de se considérer comme un relais entre le signe et la chose signifiée. Comme corollaire à ce désir, il y a, aussi, un indéniable exhibitionnisme. Ce terme n'est péjoratif que pour les pharisiens : une certaine dimension dans la vitalité (« le désir d'être multiple », dit Camus) s'accompagne en effet presque toujours d'un désir de vivre et de se voir vivre sous le regard d'autrui. Le miroir de l'acteur, c'est le spectacle lui-même. Il s'exhibe dans la mesure où il voit qu'il est vu.

Comment n'y aurait-il pas eu, au surplus, un exhibitionniste dans le jeune Camus qui, à Alger, rêve de théâtre ? Pourquoi ce rêve ? Il l'expliquera plus tard. Une crise de tuberculose avait décuplé des appétits de vie déjà grands. Il avait quelque chose à dire, la vie est brève et il voulait le dire partout. Comment avoir plusieurs destins ? « Tout être sain tend à se multiplier. » La solution à l'absurdité du monde peut être une morale de la quantité. Le donjuanisme est une solution mais « de ce que tout doive un jour mourir », dit-il dans le *Mythe de Sisyphe*, « c'est l'acteur qui tire la meilleure conclusion ». Le plateau, le forum et la salle de rédaction sont bien les lieux bénis de la multiplication.

Aussi rien n'est-il plus naturel que le passage de Camus, en 1938, au journalisme. C'est, de plus, l'époque de la littérature engagée ; l'époque de l'écrivain-guide, du porteur de messages. Camus sait depuis l'adolescence qu'il est homme d'expression ; il est en outre communiste comme les maîtres qu'il admire de loin, Malraux et Gide ; il est antifasciste comme les républicains espagnols en guerre et comme toute cette équipe parisienne de l'hebdomadaire *Vendredi*, lequel a, auprès de la jeunesse intellectuelle algéroise, un incomparable prestige. C'est le Front populaire : la « jeunesse de la révolution », selon le mot de Guéhenno. André Chamson, Andrée Viollis, Louis Martin-Chauffier, Paul Nizan, Pierre Bost accueillent chaque semaine dans *Le Socialisme révolutionnaire* les articles de toute l'intelligentsia de gauche européenne. Malgré les réserves des maîtres d'Alger qui devaient devenir ses amis (les professeurs Jean Grenier, Jacques Heurgon et Jean Hytier), Camus prolonge dans les « Maisons de la Culture » d'Algérie l'élan de la métropole. La littérature, à ce moment, c'est le témoignage. Gide lit publiquement dans les rues de Paris des passages du *Sang noir* de Louis Guilloux qui n'a pas eu le prix Goncourt. La revue *Commune*, dirigée par Aragon et Nizan, se gausse des écrivains qui prétendent écrire pour eux-mêmes. Cocteau se fait peuple et Gide, encore lui, décide d'appeler « camarade » le Nathanaël des *Nourritures terrestres*.

Mais en Algérie, à cette époque, règne une presse coloniale qui réunit tout ce que Camus rejette : le racisme, la vulgarité intellectuelle, le despotisme capitaliste et la bonne conscience des bien-pensants. Un quotidien en particulier, *L'Écho d'Alger*, apparaît comme un inexpugnable bastion et chacun attend que les jeunes Algérois imitent enfin les libéraux d'Oranie qui ont créé *Oran républicain*. C'est Pascal Pia, le futur directeur de *Combat* dans la Résistance, le futur critique littéraire de *Carrefour*, qui fonde et dirige *Alger républicain* pour le bonheur de son ami Camus. C'est aussitôt, alors, sur ce ton frémissant et concis qui fera plus tard sa gloire, le surgissement des premiers grands cris du futur éditorialiste de *Combat*. On retrouve déjà tout Camus, bien sûr, dans ses articles d'*Alger républicain*. On y retrouve même un destin.

Camus eut très tôt son « affaire Callas », qui fut celle du commis de ferme Hodent injustement emprisonné après la ténébreuse accusation d'un riche colon, son patron. Il faut s'y arrêter un moment car on y découvre déjà une éthique que l'on retrouvera plus tard lorsqu'il s'agira, dans un article du *Monde* de juin 1957, de faire libérer des prisons d'Alger son ami Jean de Maisonseul, devenu par la suite conservateur du Musée national de la République algérienne. En effet, le scandale est payant en journalisme ; et l'erreur judiciaire est un scandale vertueux. Il n'y a pas de mérite particulier à déclencher une « affaire » : on s'attire les foudres des puissants mais aussi la reconnaissance des lecteurs. Il y a mérite à la poursuivre au moment où l'on sait que les lecteurs s'en sont lassés. C'est là que s'administre la preuve que l'on recherche la réparation plutôt que l'éclat. Or on peut dire que c'est l'inlassable ardeur de Camus qui devait aboutir à la libération du commis Hodent à un moment où les menaces des uns s'ajoutaient à la résignation des autres. On ne peut pas non plus ne pas rappeler qu'à propos du cheik El Okbi, injustement accusé lui aussi d'avoir participé à l'assassinat du grand mufti d'Alger, Camus ouvrit véritablement la voie à tout ce qui devint, bien plus tard, le mouvement des libéraux anticolonialistes, mouvement dont il devait d'ailleurs se séparer pour la raison qu'on ne répare pas une injustice par une autre injustice et que la compassion pour la victime risque de nous transformer en bourreaux. Au passage, je voudrais noter, mais j'y reviendrai, à quel point cette attitude de méfiance envers la compassion, adoptée en 1954, est au cœur de nos débats en 2006. Mais enfin, et puisqu'il s'agit ici du « métier », notons que Camus fut le premier journaliste français dont le Gouvernement général de l'Algérie obtint le départ pour la métropole. Il fut, dans le silence général et en temps de paix, ce jeune et magnifique indésirable, le premier révolté d'un long drame. Et ce fut ensuite, en 1940, la découverte de la presse française à *Paris-Soir* où il retrouva Pascal Pia et commença de se lier d'amitié avec un groupe de typographes qu'il a associés à tous les grands événements de sa vie.

« J'ai connu Albert Camus en 1940, devait raconter Lemoine, longtemps "typo" à *Paris-Soir* avant de devenir correcteur au *Figaro*. C'était au mois d'août, à Lyon. Avec *Paris-Soir,* nous étions d'abord passés par Clermont-Ferrand, puis nous nous sommes transportés à Lyon. J'étais de service de nuit et Camus se trouvait aux mêmes heures que moi. On pouvait lui faire toutes les réflexions possibles à propos de la mise en page, lui faire observer que, techniquement, ce qu'il demandait était impossible, il était tout de suite d'accord et avec la plus extrême gentillesse. Il s'est marié au début de 1941. Nous étions quatre copains qui assistions à son mariage. Nous avons offert aux mariés un bouquet de violettes de Parme.»

Un autre linotypiste, Lemaître : «Quand Camus est venu au marbre, on a vu d'emblée un rayon de soleil. C'était le copain enjoué, pas crâneur et tout de suite adapté au milieu. Nous avons eu l'impression de le connaître depuis des années. Constamment prêt à la blague, il était parmi nous un vrai boute-en-train. Quand nous avions des "à la...", il n'était pas le dernier à attaquer le refrain rituel; et des chansons de corps de garde, il en avait un répertoire, pas à chanter en famille, bien sûr, mais bien réjouissantes. Où nous l'avons mieux apprécié encore, c'est le jour de son mariage. Cela m'avait remué, cette façon de se marier, tellement simple, avec pour tout cortège trois ou quatre typos. Quelle preuve d'amitié pour nous!... Nous savions qu'il adorait l'atmosphère de l'imprimerie. Il aimait se trouver devant des pages, des lignes de plomb. Il était mordu. Il est vrai que l'on y trouve une sorte de griserie : l'odeur de l'encre, du papier mouillé, on aime sentir ça comme le maroquinier aime sentir l'odeur du cuir. Camus était plus souvent au marbre qu'à la rédaction.» Avant d'ajouter : «L'image qui me reste de lui? Un camarade absolument parfait.»

L'*homme de* Combat

Il y avait en effet pour Camus des conditions impératives à la dignité de journaliste. Dans un article devenu introuvable, et qu'il avait écrit à ma demande pour le dernier numéro de *Caliban*, Camus affirma avec retentissement son respect pour le journalisme et sa fierté d'appartenir à la profession. Mais, répondant à ceux qui se plaignaient non de la presse mais du public, il ajoutait : « Loin de refléter l'état d'esprit du public, la plus grande partie de la presse française ne reflète que l'état d'esprit de ceux qui la font. À une ou deux exceptions près, le ricanement, la gouaille et le scandale forment le fond de notre presse. À la place de nos directeurs de journaux, je ne m'en féliciterais pas : tout ce qui dégrade en effet la culture raccourcit les chemins qui mènent à la servitude. Une société qui supporte d'être distraite par une presse déshonorée et par un millier d'amuseurs cyniques, décorés du nom d'artistes, court à l'esclavage malgré les protestations de ceux-là mêmes qui contribuent à sa dégradation. »

Comme je lui faisais remarquer que le journal qui avait refusé les méthodes dégradantes, le journal *Combat* que lui, Camus, avait dirigé, n'avait pas survécu, il me répondit : «*Combat* a été un succès. Il n'a pas disparu. Il fait la mauvaise conscience de quelques journalistes. Et parmi le million de lecteurs qui ont quitté la presse française, quelques-uns l'ont fait parce qu'ils avaient longtemps partagé notre exigence. Nous referons *Combat*, ou l'équivalent, un jour, quand la situation économique sera stabilisée. Nous avons fait pendant deux ans un journal d'une indépendance absolue et qui n'a jamais rien déshonoré. Je ne demandais rien de plus. Tout porte fruits, un jour ou l'autre. C'est une question de choix.» Puis il ajouta : «Si les écrivains avaient la moindre estime pour leur métier, ils se refuseraient à écrire n'importe où. Mais il faut plaire, paraît-il, et pour plaire, se coucher. Parlons franc : il est difficile apparemment d'attaquer de front ces machines à fabriquer ou à démolir des réputations. Quand une gazette, même ignoble, tire à six cent mille exemplaires, loin de l'offenser, on prie son directeur à dîner. C'est pourtant notre tâche de refuser cette sale complicité. Notre honneur dépend de l'énergie avec laquelle nous refuserons la compromission.»

Ombrageux et hautain, ce ton ne pouvait qu'achever d'exaspérer ses ennemis. Mais de ces derniers, Camus ne se souciait plus guère. C'était en 1951. Camus avait cessé de diriger *Combat* depuis 1947. Lorsque la formule de *Combat* eut changé, il y eut deux sortes de réaction. Les partisans de la grande presse triomphèrent : ils attendaient depuis longtemps l'échec de ce jeune homme (Camus avait trente ans au moment des premiers numéros de *Combat*) qui entendait donner des leçons aux vieux routiers et qui paraissait, malgré une formule insolemment exigeante, s'être mis en plus sur le chemin de la réussite commerciale.

De 1947 à 1951, ce fut l'époque où la presse issue de la Résistance perdit de plus en plus de lecteurs, où furent lancés les fameux périodiques « érotico-commerciaux », la presse dite « du cœur », et où quelques journaux se transformèrent en se reniant. D'autres, quelques écrivains familiers de Camus, furent presque rassurés ; ils déclarèrent qu'un *Combat* qui eût réussi n'eût pas été *Combat* : « Le Christ non crucifié n'est pas le Christ, il y a des échecs qui sanctifient. Camus se devait de clamer dans le désert et, d'ailleurs, l'auteur du *Mythe de Sisyphe*, de *L'Étranger* et de *Caligula* se devait à son œuvre. » Ces deux réactions révoltèrent Camus ; et peut-être encore davantage la seconde que la première. Il se voulait si réaliste, si lucide, si responsable, qu'il s'indignait qu'on fît de lui un utopiste ou même un prophète. Lui qui adorait le présent niait qu'on ne pût travailler que pour un improbable avenir. Lui qui ne s'intéressait aux victimes que pour les tirer de leur état répugnait à voir dans l'échec une bénédiction.

C'était aussi une question d'orgueil professionnel : il prétendait connaître les ficelles, la « cuisine », et la stratégie du métier ; il entendait démontrer que la réussite avait eu lieu grâce à un dépassement là, précisément, où les uns affectaient de voir une faillite par présomption, et les autres un échec par apostolat. En défendant, et souvent avec exaspération, sa conception du journalisme, Camus protégeait sans doute l'une de ces rares synthèses qui lui avaient permis l'épanouissement. Mais c'est aussi que sa foi dans le journalisme était demeurée intacte. Les lettres des milliers de lecteurs qui ne cessaient de lui écrire depuis la disparition de *Combat* ne faisaient que parfaire la solidité de cette foi.

Recensons à nouveau, ce n'est pas trop ici, les dérives

qui condamnaient le journalisme à ses yeux : l'asservissement au pouvoir de l'argent, l'obsession de plaire à n'importe quel prix, la mutilation de la vérité sous un prétexte commercial ou idéologique ; la flatterie des pires instincts, « l'accroche » sensationnelle, la vulgarité typographique ; en un mot : le mépris de ceux à qui on s'adresse. Il s'agit en somme du procès de ceux qui réduisent les moyens d'information soit à une simple entreprise commerciale soumise à la loi capitaliste de l'offre et de la demande, soit à un instrument de puissance soumis à la règle totalitaire de la propagande. Est-il possible de soustraire totalement le journalisme à ces deux servitudes ? L'implacable condamnation de Camus rend la question décisive. Qui fut Camus pour se permettre un aussi péremptoire réquisitoire ?

Contre l'argent

Revenons sur la constitution du *Combat* clandestin avec Pascal Pia, Albert Ollivier, Jean Bloch Michel, Marcel Gimont, Georges Altschuler et Jacqueline Bernard. C'est toute cette équipe que Raymond Aron, puis, épisodiquement, Sartre et Malraux rejoignirent à partir du 21 août 1944, date du premier et retentissant éditorial : « Le combat continue. »

Longtemps, il ne fut pas rare d'entendre les « anciens » du journal réciter par cœur ces phrases : « Aujourd'hui 21 août, au moment où nous paraissons, la Libération de Paris s'achève. Après cinquante mois d'occupation, de luttes et de sacrifices, Paris renaît au sentiment de la liberté, malgré les coups de feu qui soudain éclatent à un coin de rue. Mais il serait dangereux de recommencer à vivre dans l'illusion que la liberté due à l'individu lui est sans effort ni douleur accordée. La liberté se mérite et se conquiert [...] Nous n'aurons accompli qu'une infime partie de notre tâche si la République française se trouvait comme la IIIᵉ République sous la dépendance étroite de l'argent. »

Cet éditorial anonyme avait été écrit par Camus qui avait inspiré aussi un autre article intitulé « De la Résistance à la Révolution », ce qui fut le sous-titre du journal. Cet article est à retenir non pas seulement pour rappeler les rêves de justice et de liberté des hommes de la Libération mais l'obsession qui était la leur de l'asservissement de la presse aux puissances d'argent. Pour rappeler aussi certains mots qui étaient loin de provoquer chez ces intellectuels le ricanement. *Combat* souhaitait que « surgisse de cinq années d'humiliation le jeune visage de la grandeur retrouvée ». Comment, en outre, ne pas retrouver Camus dans ces trois mots « notre justice, notre honneur, notre bonheur » ? Politiquement, *Combat* affirmait : « Nous pensons que toute politique qui se sépare de la classe ouvrière est vaine », et que « la France sera demain ce que sera sa classe ouvrière ». Pour l'extérieur, *Combat* exigeait « la définition d'une politique étrangère basée sur l'honneur et la fidélité à tous nos alliés ». C'était en somme l'affirmation de l'indépendance nationale et de la démocratie ouvrière.

Le 24 août, on tira sur les soldats allemands isolés dans Paris. Peu y virent un problème. Camus, lui, se sentit obligé d'apporter une justification, prouvant ainsi déjà l'angoisse que suscitait chez lui la violence même en temps de guerre : « Une fois de plus, la justice doit s'acheter avec le sang des hommes. Les raisons de tirer sur les soldats allemands ? Elles sont immenses car elles ont les dimensions de l'espoir et la profondeur de la révolte. Personne ne peut penser qu'une liberté conquise dans cette nuit et dans ce sang aura le visage tranquille et domestiqué que certains se plaisent à lui rêver. »

Il faut faire attention à cette réflexion qui, par ce qu'elle impliquait, annonçait les grandes méditations de

Camus sur la violence. On les retrouverait dans la suite d'articles intitulés « Ni victimes ni bourreaux » ; dans sa pièce de théâtre *Les Justes* ; dans l'essai *L'Homme révolté* et aussi dans le choix de l'adaptation française d'une pièce de Faulkner, *Requiem pour une nonne*. De la réflexion sur le suicide à celle sur le meurtre, Albert Camus devait parcourir un itinéraire obsédant.

Pendant toute la période de la Résistance, il avait montré qu'il n'était pas objecteur de conscience parce que la paix était la valeur suprême mais seulement parce que l'espoir d'une « république dure et pure » était alors intense et que de toute façon il s'agissait de lutter contre les forces de destruction. Alors la violence était *à regret* admise, mais admise. Contre Mauriac, Camus l'avait défendue et avait justifié l'épuration : le prix à payer était horrible mais il fallait l'accepter. Puis, dans le désenchantement progressif suscité par la dégradation de l'idéal, se sont élaborées les réflexions essentielles sur l'impossibilité de justifier la fin par les moyens et d'accepter le crime idéologique. Enfin, après Hiroshima, Camus, dans l'indifférence générale, manifeste ses premiers doutes sur la capacité que la violence aurait, selon Hegel, d'accoucher de l'Histoire : « Et sans doute Marx n'a pas reculé en 1870 devant l'éloge de la guerre dont il pensait qu'elle devait faire progresser par ses conséquences les mouvements d'émancipation. Mais il s'agissait d'une guerre relativement économique et Marx raisonnait en fonction du fusil chassepot qui est une arme d'écolier. Aujourd'hui, vous et moi savons que les lendemains d'une guerre atomique sont inimaginables et que parler de l'émancipation humaine dans un monde dévasté par une troisième guerre mondiale a quelque chose qui ressemble à une provocation », écrit-il dans sa première «Réponse à d'Astier de La Vigerie», parue dans *Caliban* et reprise dans *Actuelles*. Comme on le voit, chez Camus, l'expérience originelle de la violence – mais seulement, seulement comme dernier recours! –, implique et impose la revendication de justice. Pour cette quête sans cesse recommencée, la presse s'avère le moyen moderne parce que le plus démocratique des porte-voix.

L'impromptu de L'Express

Restons toutefois en 1944, pour nous émerveiller que, dix jours après la fondation de *Combat*, Camus signait déjà une série d'articles sur la presse, sur la profession de journaliste. Quels sont les vices de la presse, demandait-il dès le 31 août 1944, sinon « l'appétit de l'argent et l'indifférence à la grandeur ». Or, affirmait-il, « un pays vaut souvent ce que vaut sa presse ». On peut « élever un pays en élevant son langage », en créant une « presse claire et virile à la voix respectable », en choisissant « l'énergie plutôt que la haine, la pure objectivité et non la rhétorique, l'humanité et non la médiocrité ». Or Camus, dix jours après la Libération, s'inquiétait déjà : « La presse libérée n'est pas satisfaisante. » Pourquoi ? « On cherche à plaire plutôt qu'à éclairer. » Pourtant, « un journaliste est un homme qui, d'abord, est censé avoir des idées ; ensuite, un homme chargé de renseigner le public sur les événements de la veille. Un historien au jour le jour dont le premier souci est la vérité ». Mais rien n'est plus difficile, car les historiens, eux, ont le bénéfice du recul, ce dont le journaliste est privé : aussi lui sont imposées plus qu'à tout autre, s'il veut être objectif, des exigences pénibles parce que sans éclat : la prudence, le relativisme, le sang-froid.

Toute nouvelle n'est pas bonne qui a les apparences d'être la première, s'écrie Camus. C'est une véritable gageure. Camus prétend mettre en garde les journalistes contre ce qui fait leur religion : l'obsession du « ratage » et la recherche du « scoop ». Il vaut mieux être les seconds à donner une information vraie que les premiers à en publier une fausse : c'est sa réponse. Or, déjà, la presse de la Résistance sombre dans toutes les anciennes ornières : « détails pittoresques », « mises en page publicitaires », « appel à l'esprit de facilité et à la sensiblerie ». Aux partisans de ces méthodes, Camus déclare : « L'argument de défense est bien connu. On nous dit : c'est cela que veut le public. Non, le public ne veut pas cela. On lui a appris pendant vingt ans à le vouloir, ce qui n'est pas la même chose. Or le public, lui aussi, a réfléchi pendant quatre ans et il est prêt à prendre le ton de la vérité puisqu'il vient de vivre une terrible épreuve de vérité ; mais si vingt journaux tous les jours de l'année soufflent autour de lui l'air même de la médiocrité et de l'artifice, il respirera cet air et ne pourra plus s'en passer. Une occasion unique nous est offerte au contraire de créer un esprit public et de l'élever à la hauteur du pays lui-même. Que pèsent en face de cela quelques sacrifices d'argent et de prestige, l'effort quotidien de réflexion et de scrupules qui suffit pour garder sa tenue à un journal. »

En conclusion, le 8 septembre 1944, Camus donnait un nom à sa conception journalistique : « l'information critique ». En quoi elle consistait, on pouvait le voir tous les jours dans ce quotidien que les étudiants, les instituteurs, les intellectuels et les syndicalistes s'arrachaient. D'abord, une mise en page dont la sobriété était sauvée de l'austérité par la savante utilisation des titres et des caractères typographiques : classique mais non académique, digne mais pleine de vie. La vertu, à *Combat*, n'était point ennuyeuse, au contraire. Cela était aussi bien valable pour le fond que pour la forme, car l'indépendance des rédacteurs dans la critique et même l'iconoclastie de quelques jeunes turcs (comme Roger Grenier, Henri Calet, Alexandre Astruc, Paul Bodin) compensaient largement les habituelles méthodes publicitaires. Le style adopté était volontiers celui des moralistes du XVIIIe siècle.

Camus exigeait la concision, le sens de la formule, le trait percutant. À l'un des rédacteurs, trop lyrique, il déclara un jour : « Désormais, inspirez-vous plus de Chamfort que de Chateaubriand. » Camus trouvait que Henri Calet, un romancier aujourd'hui oublié, avait trouvé le secret de la conciliation de la simplicité avec l'originalité et la distance. Camus citait souvent en exemple la chronique théâtrale de Jacques Lemarchand – qui fut par la suite critique au *Figaro littéraire* – dont les articles lui paraissaient des modèles du genre. Camus avait plusieurs recettes du même type. Pour définir un éditorial, il disait : « Une idée, deux exemples, trois feuillets. » Un reportage : « Des faits, de la couleur, des rapprochements. » À *Combat*, autour de Camus, on recherchait le raccourci, « la formule ». Pour fuir la rhétorique, on n'en était certes pas moins littéraire : *Combat* fut d'ailleurs l'un des journaux les mieux écrits de la presse française depuis qu'elle existe.

Ce qui frappait le plus dans les articles, c'était une pudeur élégante, un peu hautaine aussi. Manifestement, le désir d'être à contre-courant s'affirmait comme un fécond défi. On le vit bien la semaine où s'étalèrent complaisamment dans la presse les exploits photographiés du fameux docteur Petiot, un émule de Landru. Devant ce tissu d'horreurs grand-guignolesques, *Combat* publia en première page une seule et unique information suivie d'un avertissement au lecteur annonçant qu'on ne trouverait plus rien désormais dans ce journal sur cette affaire. Après les horreurs des camps de concentration, l'exploitation d'un tel fait divers paraissait à Camus le comble de l'indécence. Les lecteurs avaient le choix : ou bien de partager les altières préventions de *Combat*, ou bien de changer de journal. Rien ne serait fait en tout cas pour les entraîner dans la vulgarité.

Longtemps après *Combat*, en 1955, Camus devait renouer avec le journalisme en collaborant régulièrement pendant plus de neuf mois à *L'Express*. C'était la grande époque de ce journal. Il arrivait que l'on rencontre dans les couloirs Mendès France et Mauriac. Aux déjeuners de *L'Express*, les invités d'honneurs étaient Merleau-Ponty, Lévi-Strauss, Louis Armand, Ignazio Silone, Pietro Nenni, Aneurin Bevan, etc. Comme je n'ai pas été étranger à l'entrée de Camus à *L'Express*, et si je dois observer qu'il ne s'y est jamais trouvé vraiment à l'aise, c'est en précisant que lui-même n'a jamais vraiment cherché à l'être. Sans doute était-ce l'époque, nous allons le voir, où Camus recherchait, et avec quelle angoisse, une position juste dans le drame algérien. Ce n'était sans doute pas l'unique raison de son malaise. Certaines techniques savamment publicitaires, même au service d'une bonne cause, n'étaient pas de son goût. Peut-être y avait-il, chez les Servan-Schreiber, un côté « fric de bonne famille » qui n'était pas notre univers.

Camus était trop journaliste cependant pour ne pas trouver ses moments de joie : et je le revois, affectant de me soumettre un article qu'il venait de rédiger de son écriture ferme, fine et serrée. Mais il était aussi trop chef d'équipe, trop animateur de journal pour que tout ce à quoi il ne participait pas à *L'Express* lui suggère ce qu'il aurait eu envie de faire à la place des directeurs. Une certaine fraternité aussi, une certaine chaleur lui manquaient en dépit du soutien admiratif qu'un petit groupe d'amis dont je vais parler plus loin lui procurait. C'est pourtant à *L'Express* qu'il publia une méditation étrange et inspirée sur Mozart, comme pour se reposer de ses écrits politiques. Une méditation qui est un des plus beaux exemples de «divertissement», dans la véritable tradition des grands chroniqueurs.

Cela dit, la contribution d'un universitaire à un livre d'hommage à Jacqueline Lévi-Valensi m'incite à préciser des éléments que je suis désormais l'un des derniers à pouvoir fournir. Dans l'une de ses contributions, d'ailleurs souvent précieuses, M. André Abbou affirme que Camus n'avait pas d'amis proches à *L'Express*, qu'il n'avait pas de motivation essentielle pour y collaborer et qu'à aucun moment il ne s'est senti une solidarité avec cet hebdomadaire. Comme j'ai rappelé que j'avais contribué à l'entrée de Camus à *L'Express*, mon témoignage peut et doit servir. J'ai déjeuné avec Camus rue Madame le lendemain de l'intervention de Pierre Mendès France à l'Assemblée, le jour de sa démission. Camus m'a demandé si j'avais bien entendu l'évocation par Mendès France de la misère des prisons marocaines sous ce qui était alors un protectorat français. Je l'avais entendue. Camus a dit avec fermeté et émotion ce jour-là que l'homme politique qui avait dénoncé, la voix étranglée, le fait que l'on avait trouvé des enfants dans les prisons marocaines, cet homme-là, Mendès France, était son homme. À partir de ce jour, Camus, qui était déjà plus ou moins mendésiste, a décidé de tout faire pour qu'un héros si camusien, égaré en politique, pût y revenir. Alors, je le souligne, il a fait confiance à *L'Express* parce que c'était l'hebdomadaire de Pierre Mendès France et qu'il devait contribuer à son retour au pouvoir. Contrairement à ce que dit M. Abbou, ce n'était un lien ni lointain ni artificiel.

D'autre part, j'avais obtenu, parce que je savais le plaisir que cela ferait à Camus, l'engagement de Jean Bloch Michel, son compagnon de la Résistance, son collaborateur à *Combat*, son ami. Mais Camus a retrouvé aussi près de moi Robert Namia, ancien de la guerre d'Espagne, qui avait interprété un rôle important dans la première pièce du Théâtre de l'Équipe, *Le Temps du mépris*, une adaptation du roman de Malraux. Il y avait Claude Krief, jeune philosophe bohème lié aux artistes algériens pour lesquels Camus faisait partie de la famille. Enfin, il y avait François Erval, le plus savoureusement érudit de tous les exilés hongrois, qui siégeait avec Camus au comité de lecture de Gallimard. Ainsi Bloch Michel, Namia, Krief, Erval et moi formions déjà une petite équipe camusienne dans la grande entreprise dominée par Jean-Jacques Servan-Schreiber. Contrairement à ce que dit André Abbou, Camus a parfois écrit ses articles à *L'Express* et sur une table voisine de la mienne. C'était, paraît-il, un «pigiste de luxe». Ce mot ne veut rien dire. Il n'y avait pas d'autre statut pour Mauriac, pour Jules Roy et tant d'autres à qui personne, évidemment, ne donnait ni consignes ni conseils. Directrice, Françoise Giroud écrivait à sa manière qui n'était celle de personne et complètement différente, par exemple, de celle d'un Jean Cau qui fut l'une des vraies vedettes de *L'Express,* sans jamais évidemment se considérer comme un « pigiste de luxe ». Enfin, une dizaine d'interdictions de paraître, une dizaine de plastiquages des appartements de Jean-Jacques Servan-Schreiber, de Françoise Giroud et du mien, un reporter grièvement blessé, tout cela n'a pas représenté la luxueuse indifférence dont parle M. Abbou.

Quand Camus a-t-il eu pour la première fois l'idée qu'il quitterait *L'Express* ? Cela n'a jamais été dit et en relisant mes notes, comme je l'ai fait d'ailleurs pour rédiger tout ce qui est écrit ici, j'ai pourtant la certitude de le savoir. C'est lorsque, après les élections du Front républicain, ce fut Guy Mollet qui revint au pouvoir et non Mendès France. Un contrat tacite était ainsi déchiré. Il était venu pour un homme qui disparaissait de la scène. Et lorsque, le 6 février 1956, Guy Mollet, à Alger, fut piteusement bombardé de tomates par les activistes pieds-noirs, Camus a eu l'impression que tout était fichu : c'est ce qu'il a dit devant moi à François Mauriac et à Françoise Giroud. On conviendra que cela a plus d'importance que d'observer que Camus ne participait pas à la ligne éditoriale. Il n'était pas question qu'il y participât. Il s'y était lui-même refusé d'avance. La seule place qui lui eût convenu est celle de directeur. J'ai eu par la suite, et pour moi-même, dans le même journal, le même sentiment.

Face à la terreur

Il reste vrai cependant que le malaise que Camus pouvait éprouver à *L'Express* tenait d'abord, je l'ai souligné, au fait que l'époque le forçait, à travers l'épreuve algérienne, à un terrible face-à-face avec la terreur. L'heure de vérité est arrivée un jour de janvier 1956. Mais j'y reviendrai. Pendant les journées précédentes, il avait élaboré dans le tourment ce qui devait être sa position ultime. Il eut besoin moins d'un interlocuteur que d'un confident ou peut-être même d'un auditeur. Le jour venu, j'ai compris qu'il avait décidé de ne plus se poser de questions et qu'il ne désirait plus qu'on lui en posât.

J'avais eu, avant et après l'entretien que je relate plus loin, de nombreuses occasions de discuter de l'Algérie avec Camus. Mais jamais il ne fut si spontané, si décidé aussi dans l'expression nouvelle de la certitude qui venait de se formuler en lui. C'est à ce titre, peut-être, que les propos de lui qui vont suivre sont précieux, bien que leur substance se retrouve tout entière dans le recueil *Actuelles III* qui, avec les *Cahiers* et les *Carnets* sont les garants de ma mémoire.

Il me faut d'abord rappeler un contexte déterminant. Lorsqu'en mai 1955 Camus accepte la proposition de

Jean-Jacques Servan-Schreiber de collaborer à *L'Express*, il ne croit plus depuis longtemps à l'Algérie française, exactement depuis les événements de Sétif et de Guelma en 1947. Là, il est en avance sur les siens et sur toute la société politique française. Son objectif déclaré et militant est double : il veut que la guerre s'arrête, qu'une solution intervienne pour maintenir des liens étroits entre l'Algérie et la France et garantir les droits et la sécurité des citoyens algériens non musulmans. Pour cela, il se dit que le *volontarisme* républicain de Pierre Mendès France peut seul nous protéger du *maximalisme* des pieds-noirs et du *manichéisme* des intellectuels parisiens. Il est de plus d'accord avec ce que j'ai écrit jusque-là sur l'Algérie et, contre l'avis de ses proches, il me fait confiance. L'équilibre dans ses articles, entre la dénonciation de la terreur et celle de la répression relève de la gageure : à mes yeux, il est parfait.

Tout se passe bien jusqu'au jour où la terreur en Algérie se déchaîne de tous contre tous, et où cet équilibre ne lui semble pas toujours maintenu dans le reste du journal. Le seul fait que Guy Mollet prenne la place espérée pour Mendès France à la tête du gouvernement aurait suffi à le détourner de la tentation de poursuivre sa collaboration à *L'Express* au-delà du délai convenu : après les élections. Donc le 2 février 1956, jour de la nomination de Guy Mollet à la présidence du Conseil, Camus cesse d'envoyer des textes à *L'Express* après avoir remis son dernier article (sa méditation sur Mozart). Aucune démission officielle n'arriva à Jean-Jacques Servan-Schreiber. Jamais il ne m'a signifié un désaccord de nature à nous séparer. Mais voici donc le texte de la confession des premiers jours de janvier 1956.

J'ose ici mettre entre guillemets des phrases qui n'ont été ce jour-là que prononcées et non écrites. J'ai trop écrit et pris soin de transcrire ce monologue de Camus juste après l'avoir entendu. « Non, me dit-il, ce n'est pas possible. Quand une idée réclame de nous qu'on lui sacrifie une révolte intérieure aussi totale, c'est que l'idée ne colle pas. On ne peut pas vivre dans le désaccord avec soi-même, c'est-à-dire, ici, qu'on ne peut pas se résigner aux méthodes du FLN sous le prétexte que celles de la répression vont être pires. On ne peut pas accepter une logique qui va jusqu'au sacrifice de sa communauté. La mienne, la nôtre est faite des non-musulmans d'Algérie. Que l'on ne nous parle pas des Français, des Italiens, des Espagnols, ou des juifs. Il y a les musulmans, et il y a les autres. Chacun sait que c'est la vérité, et on fait semblant de ne pas le savoir. C'est stupide, d'ailleurs, parce qu'à tout prendre cela ne prouve qu'une chose : la vitalité et la force de la personnalité musulmane en Algérie. Je ne l'ai jamais pour ma part ni sous-estimée ni méprisée. Au contraire.

« Ce qui m'irrite le plus, dans une certaine forme parisienne de protestations contre le colonialisme français en Algérie, c'est la conception dérisoire et sommaire qu'elle implique. Il y a en effet une frivolité meurtrière dans cette vision d'une nation algérienne occupée, qui chercherait à se délivrer de ceux qu'on appelle "occupants" parce qu'ils ne sont pas musulmans, et qui, de ce fait, a le droit d'user de tous les moyens pour obtenir sa libération, c'est-à-dire aussi sa revanche sur les non-musulmans.

« En Algérie, il y a un problème de justice à rendre à des individus, un problème de réparation spectaculaire et totale à l'endroit d'un peuple dont j'ai pris toute ma vie la défense, et c'est le peuple musulman. Mais, précisément, parce qu'il s'agit d'un problème de justice, et que le peuple qui y a droit n'est pas seul sur le territoire qui est sa patrie, les moyens de cette justice sont à définir avec exigence. Tout cela, je le dirais avec moins d'aisance aux musulmans qui s'insurgent pour avoir été trop longtemps humiliés à une époque où Paris ne s'intéressait pas à leur sort. Pourtant, je suis sûr de mieux m'entendre avec un musulman du FLN qu'avec un intellectuel parisien.

« Je veux combattre pour la justice. Non pour la pénitence des uns et la vengeance des autres. Je ne suis pas plus près qu'avant de me résigner à l'Histoire. D'abord parce que je n'y crois pas, ensuite parce que mon devoir est de ne pas y croire. Ce n'est pas mon rôle. Ce ne peut être le rôle des intellectuels. Dénoncer la torture ? La honte d'une répression souvent barbare ? Vous savez bien que je l'ai fait au moins autant que les autres. Mais tous les arguments invoqués par les intellectuels pour justifier la violence contre les civils innocents impliquent la croyance dans une juste violence de l'Histoire. La répression française n'a aucune justification, aucune excuse, nous le disons ; il faut dire la même chose, si nous combattons pour la justice, au sujet des méthodes du FLN qui voit dans chaque Français en Algérie, dans chaque civil, un représentant du "colonialisme oppresseur". Il n'y a plus d'innocent pour personne dans cette tragédie.

« Parce qu'il y a une question que je voudrais poser aux progressistes parisiens : "combien faut-il d'années de présence dans un pays pour en faire partie ?" Si tous les pays ne sont que les produits de conquêtes successives et diverses, quel est le critère pour que la conquête

soit juste ? Un historien peut répondre ; non un moraliste. La conquête arabe s'est installée par le massacre
et le despotisme. Tout comme la conquête française.
On peut parler, sans doute, de résurrection du monde
arabe, d'expansionnisme islamique, de soumission *politique* (et non *morale* !) aux nouvelles forces du siècle,
mais qu'est-ce que tout cela a à voir avec la justice ? Et
puis, même dans ce cas, je veux dire dans le cas de la
résignation nécessaire à l'Histoire, j'exigerai alors des
intellectuels qu'ils aient le ton de la résignation, et non
celui de la ferveur militante. Mais ce sont de faux hégé-
liens : il ne leur suffit pas que l'Histoire les domine, il
leur faut que l'Histoire, "et ses bavures", soit juste...

« Je vais plus loin, *même politiquement*, il s'agit d'une
position funeste. Le problème algérien ne peut avoir
d'autre solution que celle qui passe aussi par les Français d'Algérie. Cela est autant inscrit dans l'Histoire que
le reste. Parce que je suis membre de la communauté
française et que le reniement n'est pas mon fort, parce
que je suis un intellectuel décidé à remplir mon rôle,
parce que je suis certain aussi que cela est politiquement efficace, je ne veux pas, je m'y refuse de toutes
mes forces, soutenir la cause de l'un des deux peuples
d'Algérie au détriment de la cause de l'autre.

« Vous me direz : mais alors, à l'heure de la violence,
que faire ? Eh bien, ne rien changer, quoi qu'il arrive,
aux positions de principe. Il faut se battre pour la trêve,
pour l'arrêt du massacre des innocents, pour l'établisse-
ment des conditions à la fois morales et politiques qui
permettront un jour le dialogue. Et si nous n'avons plus
d'autorité ni sur les uns ni sur les autres, eh bien, peut-
être que pendant un moment il faudra se taire. »

C'est deux semaines plus tard, le 22 janvier 1956, que

Camus prit l'initiative d'un retentissant appel en faveur d'une «Trêve pour les civils» pour que s'amorce le dialogue entre Français et Algériens. Un meeting fut organisé à Alger. André Mandouze, professeur à la Faculté d'Alger, chrétien proche du FLN me téléphona : «Dissuadez Camus de venir. Il va se faire assassiner.» Le meeting eut lieu tout de même en présence de Camus. Le FLN avait fait connaître qu'il n'avait rien contre lui ni contre son projet. Ferhat Abbas, futur premier président du GPRA assista à la réunion sur la trêve. Les ultras, eux, se déchaînèrent. Ils tentèrent d'empêcher Camus de parler. Les étudiants musulmans brisèrent leur manifestation. À Paris, quelques intellectuels français tournèrent en dérision l'initiative de Camus. Le 6 février suivant, les ultras, les activistes et le petit peuple mobilisé des pieds-noirs conduisaient Guy Mollet, en visite à Alger, à renoncer à la nomination du général Catroux, jugé progressiste et bradeur... Ce jour-là, de nous tous, à *L'Express*, c'était Camus qui était le plus effondré. Dans les «heures de vérité», son intuition politique était infaillible. Ce Français d'Algérie qui entendait lutter pour sa communauté ne douta pas un seul instant qu'en cédant aux fanatiques de cette communauté on préparait en même temps le malheur de tous. Celui qu'on venait de traiter de «belle âme» avait des accents de violence soudaine et prévoyait pour la métropole et pendant de longues années les conséquences catastrophiques du 6 février. Nous avions alors tendance à le trouver trop pessimiste.

La rupture

Il faut relire aujourd'hui certaines phrases de la
«Trêve pour les civils». Elles restent valables pour
tous les conflits et notamment, bien sûr, pour le conflit
israélo-palestinien : «Il n'y a pas de jour où le courrier,
la presse, le téléphone même, n'apportent de terribles
nouvelles d'Algérie. De toute part, les appels retentis-
sent, et les cris. Dans la même matinée, voici la lettre
d'un instituteur arabe dont le village a vu quelques-uns
de ses hommes fusillés sans jugement, et l'appel d'un
ami pour ces ouvriers français, tués et mutilés sur les
lieux mêmes de leur travail. Et il faut vivre avec cela,
dans ce Paris de neige et de boue, où chaque jour se
fait plus pesant!

«Si, du moins, une certaine surenchère pouvait
prendre fin! À quoi sert désormais de brandir les
unes contre les autres les victimes du drame algérien?
Elles sont de la même tragique famille et ses membres
aujourd'hui s'égorgent en pleine nuit, sans se reconnaître, à tâtons, dans une mêlée d'aveugles.

«Cette tragédie d'ailleurs ne fait pas pleurer tout le
monde. On en voit qui exultent, quoique de loin. Ils
sermonnent mais, sous leurs airs graves, c'est toujours

le même cri : "Allons! Encore plus fort! Voyez comme celui-ci est cruel, crevez-lui les yeux!" Hélas, s'il est encore en Algérie des hommes qui aient du retard dans cette course à la mort et à la vengeance, ils le rattraperont à toute allure. Bientôt, l'Algérie ne sera peuplée que de meurtriers et de victimes. Bientôt les morts seuls y seront innocents.

«Je sais : il y a une antériorité de la violence française. La longue violence colonialiste explique celle de la rébellion. Mais cette justification ne peut s'appliquer qu'à la rébellion armée. Comment condamner les excès de la répression si l'on ignore ou l'on tait les débordements de la rébellion? Et inversement, comment s'indigner des massacres des prisonniers français si l'on accepte que des Arabes soient fusillés sans jugement? Chacun s'autorise du crime de l'autre pour aller plus avant. Mais à cette logique, il n'est pas d'autre terme qu'une interminable destruction.»

Deux mois plus tard, alors que, par le truchement de notre ami Emmanuel Roblès, je l'adjurais de reprendre, même par intermittence, sa collaboration, il me fit répondre par mon ami Pierre Viansson-Ponté, alors rédacteur en chef à *L'Express* et futur rédacteur en chef du *Monde* : «À quoi aura servi ce que j'ai fait? À mener au pouvoir MM. Guy Mollet et Lacoste!» Et il décida de se taire. Il ne devait plus se manifester publiquement que pour l'inlassable défense des torturés, des condamnés, des opprimés, en associant son action avec celle de Germaine Tillion. Encore exigeait-il la plupart du temps que pour être efficace son témoignage demeurât secret.

Que faire devant la terreur? Y a-t-il une violence accoucheuse de l'histoire et du progrès? Souvenir :

Camus m'a demandé un jour où j'en étais en ce qui concerne l'opportunité de nos contributions respectives. Je lui ai évidemment dit que la sienne était irremplaçable, ce que je pensais de tout mon être, ce que je pense encore. Mais j'ai ajouté qu'après avoir fait tout mon chemin près de lui avec l'espérance qu'une solution fédérale entre l'Algérie et la France pourrait éviter les inévitables convulsions de l'indépendance, après avoir assisté à la triomphante émancipation des Tunisiens et des Marocains, après que les leaders algériens de l'insurrection s'étaient inscrits dans le grand mouvement de la décolonisation et après qu'ils avaient été séparés de la France par une rivière de sang qu'ils avaient parfois eux-mêmes alimentée, je croyais que l'indépendance de l'Algérie était *inéluctable*. Et qu'il fallait désormais s'efforcer de la canaliser vers la justice pour tous. J'avais ainsi prononcé le mot qui a déclenché sa véhémence et qui motive la relation de mon souvenir. *Inéluctable*.

Voici ce qui ne peut être qu'un résumé de ce qu'il m'a dit en substance. Vous dites « inéluctable » ? Qu'est-ce que cela peut bien vouloir dire pour un journaliste, même engagé, ou pour un intellectuel ? De quel droit décidez-vous du sens de l'histoire ? Le terme « inéluctable » est réservé aux spectateurs qui se résignent à leur impuissance pour empêcher l'avènement de ce qu'au fond ils souhaitent et à quoi ils sont déjà résignés. Aux spectateurs, et bien sûr aux militants pour qui il n'y a pas de problème : le déroulement de l'histoire est non seulement *inéluctable* pour eux mais il est juste.

Soudain, je voyais que Camus rencontrait à nouveau sur son chemin sa vieille ennemie : l'Histoire. Il avait eu des difficultés avec elle au moment de s'adresser à un ami allemand. Comment être juste envers les nazis après Dresde ? Aujourd'hui, je m'avise qu'il aurait pu répondre que ni Auschwitz ni le Goulag ne pouvaient justifier un Hiroshima qu'il avait été le seul à dénoncer.

À la fin de notre dernier entretien, nous sommes restés silencieux. Puis il m'a dit qu'il ne voulait décidément plus écrire en risquant d'encourager la violence des uns et de justifier la répression des autres. Il voulait témoigner seulement contre la guerre et d'une autre manière que dans le journalisme. Et moi, alors, j'ai eu l'impression que, parce que je continuais à écrire, pour lui, dans un certain sens, j'incarnais la guerre. Tandis qu'il redevenait un patriote pied-noir, je me transformais en intellectuel de gauche.

L'intéressant, encore une fois, c'est évidemment ce refus de l'inéluctable. Ou plus exactement, le devoir que Camus impose aux journalistes et aux intellectuels de ne pas y croire. En postulant une fatalité, ou bien l'on s'en félicite – et il faut le dire – ou bien l'on contribue malgré soi à son avènement.

« Le terrorisme tel qu'il est pratiqué en Algérie a beaucoup influencé mon attitude (sur l'Algérie). Quand le destin des hommes et des femmes de son propre sang se trouve lié, directement ou non, à ces articles que l'on écrit si facilement dans le confort du bureau, on a le devoir d'hésiter et de peser le pour et le contre. Pour moi, si je reste sensible au risque où je suis, critiquant les développements de la rébellion, de donner une mortelle bonne conscience aux plus anciens et aux plus insolents responsables du drame algérien, je ne cesse pas de craindre, en faisant état des longues erreurs françaises, de donner un alibi, sans aucun risque pour moi, au fou criminel qui jettera sa bombe sur une foule innocente où se trouvent les miens. »

Je n'ai pas eu l'occasion de soumettre à Camus, avant sa mort (le 4 janvier 1960), les propos que j'ai cités ici comme étant de lui. Je lui ai écrit pour la dernière fois en octobre 1957, lorsqu'il reçut le prix Nobel. J'ai rappelé ma douleur de l'avoir vu s'éloigner de moi en lui confirmant une admiration restée intense, fraternelle, inaltérée. Je l'ai rencontré dans un restaurant hongrois de la rue Montpensier, le « Tokay », où il déjeunait avec sa jeune amie danoise. Il m'a dit que j'allais trouver en rentrant chez moi un mot de lui. Je l'ai trouvé. Il y avait cette phrase : « L'important est que nous soyons, vous et moi, déchirés. » Telle était l'époque, dominée par le spectre de la guerre civile, le plus funeste de tous les maux selon Pascal que devant moi Camus a mis au-dessus de tous les autres penseurs.

J'ai souvent repensé à nos entretiens. J'ai fini par découvrir que l'on ne peut rien comprendre aux sentiments algériens de Camus si l'on néglige deux choses. D'une part la pauvreté et d'autre part la terreur. Le fils d'une femme de ménage inculte et sourde, élevé dans un quartier ouvrier, ne peut se considérer comme l'héritier d'une longue histoire d'oppression coloniale. Il est humilié, opprimé, exploité comme les autres petits pauvres. Ou peut-être plus que les autres dans le cas de Camus. Quelle signification peut bien avoir le terme de « colon » pour cet enfant à ce point « colonisé » par la misère ?

Il n'y a d'arabe qu'une victime sans nom dans *L'Étranger* ? Il n'y en a aucun dans *La Peste* ? C'est vrai. Cette absence a donné lieu à des commentaires sur le « regard colonial » de Camus lorsqu'il décrit son univers. Mais comment tenir pour rien les reportages en Kabylie, les *Chroniques algériennes*, la correspondance avec Mouloud Ferraoun, Jean Amrouche et tous les autres? Comment ignorer ce que dit des Arabes Jacques Cormery dans *Le Premier Homme* : «*On est faits pour s'entendre, aussi bêtes et brutes que nous, mais le même sang d'homme.*» Le fait, enfin, que tant d'artistes algériens n'ont éprouvé aucune difficulté à se reconnaître dans l'amour que Camus brandissait pour l'Algérie. Contrairement à ce qu'ont pu écrire avec des intuitions, au demeurant remarquables, Conor Cruise O'Brien (*Camus*, Viking, New York, 1971) et surtout Edward Said, il me semble que c'est non pas le regard colonial qui colore la vision de Camus mais la force d'une présence non musulmane dans une enfance marquée par la pauvreté. L'Algérie n'est pas la France et l'Algérie française moins que toute autre. Il y a chez Camus, Tillion, chez Charles-André Julien et Jacques Berque une considération intimidée devant la force de l'islam. Une fascination, disait Maxime Rodinson. Sans doute la langue française est-elle la vraie patrie. Mais elle l'est pour Kateb Yacine, pour Mohamed Dib, pour Mouloud Mammeri, pour Rachid Mimouni, pour Rachid Boudjedra et pour tant d'autres aujourd'hui. Pourquoi et comment ne l'eût-elle pas été pour lui? En fait, ce que ne pouvait pas comprendre, selon moi, un esprit même aussi subtil et pénétrant que celui d'Edward Saïd, c'est à quel point la pauvreté peut effacer, dans un univers clos, l'idée de la colonisation. Le pauvre ne se sent ni coupable ni supérieur. Tout cela, j'ai mis moi-même du temps à le comprendre lorsque je croyais Camus insensible au printemps des peuples en voie d'émancipation et à la culpabilité coloniale. Cela ne justifie rien. Cela explique tout. Quant au face-à-face avec la terreur, je renvoie aux pages précédentes. La violence est à la fois inévitable et injustifiable et la fin ne justifie jamais les moyens. Avec ces deux principes, il faut s'inventer à chaque moment un comportement.

Une héroïne camusienne

À ce stade de mon récit, et parce qu'il va être encore question de l'Algérie, de la terreur et de la fraternité, je veux dire à un jeune lecteur qui lirait ces lignes pour s'initier à Camus qu'il a la possibilité, tout en lisant son œuvre, de connaître un être qui a vécu toute sa vie avec une éthique incroyablement camusienne. C'est là que je retrouve Germaine Tillion, grande résistante, ancienne déportée à Ravensbrück et dénonciatrice des univers concentrationnaires. Cela seul aurait déjà largement suffi à inspirer à Camus un respect fraternel et intimidé. Mais le miracle est que ces deux êtres inconnus l'un de l'autre vont se rencontrer sur l'Algérie. Dans une préface pour la traduction américaine de l'un de ses livres (*L'Algérie en 1957*), Camus écrit : « Un livre seul – celui de Germaine Tillion – m'a semblé dès le premier abord vrai, juste et constructif. Germaine Tillion sait de quoi elle parle. Et personne à l'avenir, pas plus en Algérie qu'à travers le monde, ne saurait parler du problème algérien sans avoir lu ce que cette femme cultivée et compréhensive a écrit sur ma misérable terre natale, si mal comprise, qu'un espoir déchirant meut aujourd'hui. » On va découvrir plus loin que Germaine Tillion répond aujourd'hui, et en somme au nom de Camus, à tous les débats autour des aspects éventuellement positifs de la colonisation ou du génocide culturel ou pas des Algériens. C'est comme si Camus lui avait donné une sorte de délégation de pensée avant de mourir.

Cette grande dame qui en impose tant à Camus n'a pas attendu la guerre pour connaître l'Algérie. Elle s'est rendue un jour de 1935 dans une région alors perdue de l'Algérie, les Aurès, pour étudier les structures de la parenté dans les familles des Chaouias. Elle en a tiré un livre devenu un classique, «Le harem et les cousins». C'est d'avoir vécu aussi avec les Chaouias l'évolution de la société patriarcale vers une modernité chaotique que Germaine Tillion pourra évoquer, en invoquant une expression qui fera date, la «clochardisation» des Algériens. Ils ne se connaissent pas encore. Il faudra attendre pour cela février 1957, au moment où le terrorisme frappe à Alger une société de jeunes pieds-noirs.

Ce qui frappe le plus Camus dans les textes de Germaine Tillion, ce sont les courages insolites d'un engagement parfaitement libre. Germaine Tillion pense par elle-même sans se soucier des doctrines environnantes ni des modes de pensée. Elle est, dans l'univers du témoignage intellectuel, aussi solitaire qu'elle l'a été dans la recherche des institutions aurasiennes.

On dit que tout est politique. Peut-être, dit-elle, mais en attendant, il y a la misère. Réponse camusienne. On dit qu'il y a une fatalité du combat vers l'indépendance. Elle témoigne que ses amis musulmans et nationalistes auraient pu accepter une fédération avec la France. Elle évoque ces nombreux Algériens qui désirent rester français au point de risquer leur vie pour cela : «Chaque bavure de la pacification en diminue massivement le nombre ; chaque bavure de l'insurrection l'a au contraire accru. »

On dit que le colonialisme engendre et donc justifie toutes les violences. Elle déclare, comme Camus et sans le savoir, qu'il y a plusieurs formes de colonisation et qu'il y a donc différentes manières, pour les colonisés, de s'insurger. Comme Camus, elle rappelle que tout a commencé avec l'émeute de Sétif le 8 mai 1945. Mais elle souligne que le secrétaire de la section communiste a eu les deux mains tranchées à coups de hache par les insurgés.

On dit que les alliés, très nombreux alliés algériens de la France pendant la guerre étaient des traîtres. Elle dit comment le comportement de certains chefs maquisards a conduit les Algériens à rechercher la protection de la France. On a dit que l'insurrection avait troublé la candeur d'une France colonialiste. Or 60 % des Français, consultés le 2 décembre 1955, refusent la guerre d'Algérie. Cela dit, lorsque le terrorisme va survenir, elle rappellera hautement que les premières provocations sont le fait d'activistes français. Cela ne l'empêchera nullement, lorsque auront lieu en 1961 les premiers entretiens des représentants du FLN et de ceux du général de Gaulle à Melun, de témoigner de ce qu'elle a vu et entendu : des familles de nationalité algérienne qui en ont assez de voir le sang couler et qui voudraient une alliance avec la France dans l'indépendance. Quand le terrorisme devient-il populaire chez les musulmans d'Algérie ? Réponse : depuis que la répression s'est réactivée avec des meurtres et des tortures qui sont pratiqués ouvertement dans la ville d'Alger.

Plus tard, Germaine Tillion rencontre les chefs terroristes réfugiés dans la Casbah qui sont traqués au cours de la bataille d'Alger organisée par le général Massu. Elle avait déjà négocié avec eux l'échange d'une suspension des actes terroristes contre l'arrêt de l'exécution des condamnés à mort. Elle va en informer Camus qui note dans ses *Carnets* le 1er octobre 1957 que Germaine Tillion a traité de *voyous* et même d'*assassins* les auteurs des attentats contre un casino («La Corniche») où des jeunes gens dansaient. Le récit des entretiens est dostoïevskien. Elle veut savoir pourquoi on tue et pourquoi on accepte de mourir. Elle veut savoir si le terme d'*innocent* a encore un sens quand deux terrorismes s'affrontent. Germaine Tillion leur dit : «Vous êtes des assassins. Vous avez versé le sang innocent. Il crie vengeance. Si je suis ici en ce moment, c'est pour l'amour du sang innocent, français ou algérien. Je n'ai jamais fait de différence.» Ce n'est pas Camus, c'est Germaine Tillion qui dit cela.

Rappelons, une fois encore, l'histoire des terroristes russes qui épargnent les enfants, en 1905, lors d'un attentat. L'épisode avait fasciné Camus qui en avait tiré une pièce, *Les Justes*. Mais en 1957, on aurait mis la bombe dans la calèche parce qu'il y avait les enfants. Germaine Tillion s'en indigne auprès de Yacef Saadi, seigneur de la Casbah, qui est impressionné par cette visiteuse sereine, douce et intraitable. Par la suite, tous les ans, jusqu'à aujourd'hui encore, il lui rendra visite. Rien n'est plus actuel, plus moderne et plus harcelant que tous les thèmes évoqués dans ce livre par Germaine Tillion. À chaque moment, on peut transposer les débats au Proche-Orient ou en Bosnie et partout où il y a des «ennemis complémentaires» qui s'entretuent. Partout où il y a des guerres civiles.

L'un de ces thèmes se confond avec l'histoire des

compromis perdus et des occasions manquées. Les uns disent que ce n'est pas par hasard que les occasions sont manquées, c'est simplement parce que ce n'était pas de vraies occasions et que si on les saisissait elles seraient perdues. C'est ce que pensent tous les théoriciens de la révolte des colonisés qui ont cru à l'inéluctable fatalité du radicalisme. Ils *essentialisent* le colonialisme. Ils tiennent qu'il ne saurait y avoir plusieurs formes de colonisation ni plusieurs formes de salut des colonisés. La décolonisation, c'est la rupture totale avec le colonisateur. Franz Fanon en remettra : c'est le meurtre du colon. La préface de Sartre aux *Damnés de la terre*, l'ouvrage de Franz Fanon, conceptualise jusqu'au paroxysme le caractère rédempteur du meurtre. Il n'y a ni amnésie, ni amnistie, ni repentance, ni pardon possible. Ils estiment l'Histoire *inéluctable* et ils s'y résignent jusqu'à en précipiter le cours avec un enthousiasme justifié.

Et puis il y a ceux qui pensent, avec Camus et Germaine Tillion pour l'Algérie, avec Amos Oz, David Shulman et tant d'autres pour Israël, qu'il y a des moments où les populations de tous les camps aspirent à pouvoir élever leurs enfants ailleurs que dans les cimetières et qu'il faut profiter de ces moments pour faire naître et prospérer des projets de coexistence et de coopération pour vivre ensemble. Ceux que j'ai cités ici pensent que la plupart des occasions ont été manquées par la faute de leur propre camp. Mais ils estiment que ce n'est pas parce que l'on est en partie responsable d'un malheur qu'il convient de s'y vautrer. Le tout est bien sûr de savoir la conception que l'on se fait du malheur.

Germaine Tillion montre ainsi tous les aspects d'un conflit où la dimension de guerre civile est aussi importante que l'affrontement colonial. Mais les conclusions de Germaine Tillion constituent la grande réponse à la question de savoir ce que l'on peut faire lorsque l'on comprend qu'il est impossible de servir une cause tout à fait juste dans un océan de violence où l'injustice est partout. Que faire ? Le docteur Rieux, dans la ville pestiférée d'Oran, soigne tous les malades en doutant qu'un seul puisse guérir. Germaine Tillion déclare qu'elle se contente de sauver des têtes et d'épargner les âmes.

Camus et Germaine Tillion se rejoignent dans la dénonciation absolue de ceux qui, où qu'ils soient et quelle que soit leur cause, se résignent à faire verser le sang des innocents. Le bombardement aveugle des villes est inexcusable. De même que les attentats, suicides ou pas, sont des crimes contre l'humanité. Mais Camus et Germaine Tillion se rejoignent aussi, hélas, dans le fait que l'histoire leur a donné tort à tous deux à propos du jugement selon lequel les deux communautés musulmane et européenne seraient condamnées à vivre ensemble. Il est vrai que Camus voyait, dans une éventualité de la victoire des seuls nationalistes algériens, non le triomphe de la justice de tous, mais d'abord celui du nationalisme arabe et, à terme, d'un islam conquérant. Pour prophétique que puisse paraître aujourd'hui ce raisonnement, on ne doit pas oublier qu'il servait d'alibi aux partisans de l'Algérie française, c'est-à-dire à ceux qui n'ont jamais offert aux Algériens la possibilité de vivre ensemble dans une égalité fraternelle. Que faut-il faire alors ? Pour ma part, je tiens à retenir la leçon que Camus et Tillion donnent sur la façon dont doivent se comporter les individus lorsque l'histoire les écrase.

Je voudrais, à ce moment de mon récit, revenir sur un point d'importance. Ni Camus ni Tillion n'ont été partisans de l'Algérie française. Ni l'un ni l'autre n'ont justifié la colonisation et les conditions de la conquête. Ni l'un ni l'autre n'ont sous-estimé l'intensité et la légitimité du nationalisme algérien. Si l'on oublie ces trois points, alors on met Germaine Tillion et Albert Camus dans le camp de ces «libéraux» qui n'étaient, paraît-il, que des néocolonialistes bienveillants. En revanche, tous deux étaient en effet convaincus que l'on ne pouvait exclure la possibilité d'effacer le péché de la colonisation grâce à la sincérité de la repentance et à l'étendue de la réparation. C'était un pari? Ils en avaient bien conscience. Mais c'était le pari de la justice contre celui de la vengeance. Et ils avaient, pour le justifier, l'exemple que donnait un grand leader politique algérien. Il affirmait tranquillement qu'après avoir bien réfléchi il estimait que rien, dans l'islam, rien (pas même la colonisation!) n'empêchait un Algérien de devenir français. Or c'est hélas ce même leader, Ferhat Abbas, qui, indigné par le refus qui lui était opposé, révolté par l'indifférence de la France et le cynisme de ses représentants, deviendra président du gouvernement provisoire de la République algérienne (GPRA). Mais à la question selon laquelle la colonisation pouvait avoir un autre visage que les horreurs et les atrocités de la conquête, Fehrat Abbas avait ainsi répondu, par avance et pendant un moment privilégié, par l'affirmative. Il n'avait pas trouvé déshonorant de chercher à devenir citoyen d'un empire colonial transformé. Les historiens actuels et progressistes de la décolonisation n'arrivent jamais à se résigner à la signification du comportement du jeune Fehrat Abbas.

En fait, Germaine Tillion comme Camus ont eu plus tard un combat plus clair et mieux défini. Ils se sont battus contre la torture, pour la suspension des hostilités, pour la négociation entre adversaires sur un statut qui lierait fédérativement l'Algérie à la France. Pendant plusieurs années, je ne voyais pas d'objections à ce qu'une telle solution pût être souhaitée. Ils ont voulu résister à l'air du temps qui menait soit à l'Algérie française, soit à l'Algérie algérienne, c'est-à-dire arabe. Edward Said, toujours lui, trouve que la preuve qu'ils ont eu tort est que l'Histoire les a terrassés : les Français sont partis d'Algérie. L'auraient-ils fait sans le terrorisme et la politique de la terre brûlée de l'OAS ? Et d'autre part, Camus disait que la Grèce nous avait donné l'exemple d'une dénonciation des victoires injustes.

J'ai connu Germaine Tillion un peu avant la mort de Camus. Elle me lisait sans désapprobation. Elle m'a donné acte de ce que je ne manquais jamais de témoigner contre les atrocités des deux camps. Je crois qu'elle était surtout sensible au fait qu'avec mon ami et condisciple Albert-Paul Lentin, nous étions les seuls correspondants nés en Algérie à parcourir dans tous les sens ce pays en guerre, méritant ainsi, en raison des risques que nous prenions, le droit de préconiser une négociation avec le FLN. Elle admirait Camus. Non seulement elle ne s'est pas éloignée de moi mais je devais peu à peu me sentir protégé par son amitié – une des fiertés de ma vie. À Tolstoï vieillissant, Tourgueniev écrivit : « Je suis fier d'avoir été votre contemporain. » Nous sommes aussi nombreux en Algérie et en France à adresser le même message à Germaine Tillion, qui sera probablement centenaire quand ces lignes paraîtront.

Purgatoire, enfer et bourgeoisie

Éternel convalescent, entre deux crises de phtisie, deux campagnes de dénigrement, deux conflits conjugaux et deux extases solaires, Camus court après un destin qui s'arrêtera vite. Pour lui, tout est toujours allé très vite, trop vite. Directeur de journal à l'âge où l'on est stagiaire, écrivain célèbre à vingt-cinq ans, maître à penser (malgré lui) à trente-cinq, Prix Nobel à quarante-quatre... Ah, ce Nobel! Bien sûr il lui a donné la possibilité d'acheter la propriété de Lourmarin, de mieux assurer la sécurité des siens et d'avoir la conscience un peu plus légère lors d'une croisière en Grèce. Mais lorsqu'il s'est abattu sur lui, tout le monde a pensé, nous avons tous pensé que c'était bien trop tôt, bien trop lourd. Lui-même a dit : «C'est Malraux qui aurait dû l'avoir.» Et puis, trois ans après, la mort est venue signifier que cela était au contraire arrivé juste à temps, que cela avait failli être presque trop tard, bref que la consécration était intégrée dans ce parcours d'exception. Sartre, après avoir, au moment du Nobel, lâché une douteuse boutade («C'est bien fait!»), écrira au lendemain de sa mort un adieu bouleversé, bouleversant. L'un de ses plus beaux textes.

« (...) *Nous étions brouillés lui et moi : une brouille, ce n'est rien – dût-on ne jamais se revoir – tout juste une autre manière de vivre ensemble et sans se perdre de vue dans le petit monde étroit qui nous est donné. Cela ne m'empêchait pas de penser à lui, de sentir son regard sur la page du livre, sur le journal qu'il lisait et de me dire :* « *Qu'en dit-il ? Qu'en dit-il* EN CE MOMENT *?*

(...) Il représentait en ce siècle, et contre l'Histoire, l'héritier actuel de cette longue lignée de moralistes dont les œuvres constituent peut-être ce qu'il y a de plus original dans les lettres françaises. Son humanisme têtu, étroit et pur, austère et sensuel, livrait un combat douteux contre les événements massifs et difformes de ce temps. Mais inversement, par l'opiniâtreté de ses refus, il réaffirmait, au cœur de notre époque, contre les machiavéliens, contre le veau d'or du réalisme, l'existence du fait moral.

Il était pour ainsi dire cette inébranlable affirmation. Pour peu qu'on lût ou qu'on réfléchît, on se heurtait aux valeurs humaines qu'il gardait dans son poing serré : il mettait l'acte politique en question. » C'est en pensant à un texte de cette noblesse que je devais demander plus tard à Sartre de parrainer *Le Nouvel Observateur* avec Mendès France.

Sartre, Malraux, René Char, Blanchot, Mauriac : nous sommes avec eux au moment de la mort de Camus chez les princes. Mais le petit personnel renâcle. En France, les révisions de valeurs surviennent toujours plus rapidement qu'ailleurs parce que l'iconoclastie y est payante. Un jeune écrivain sait qu'il doit se faire les dents sur l'envahissante notoriété du dernier maître à penser. Pour Camus, ce fut même assez caricatural. Le purgatoire auquel il est devenu banal de destiner les œuvres d'un romancier célèbre quelques années après sa disparition, les nouveaux pontifes, impatients, ont prétendu l'y faire entrer seulement quelques semaines après. Mais, ô scandale, le public s'y refusait. Qu'à cela ne tienne ! Des critiques s'en sont chargés. Quel déchaînement ! Et comme François Mauriac a eu raison de déclarer à Roger Stéphane, à la télévision : « Tant que je suis vivant, ils sont là encore qui me ménagent et qui me craignent, mais vous verrez peu après ma mort. »

Nous avons vu, en effet. Il aura suffi qu'au début de l'après-midi du 4 janvier 1960, une Facel-Vega quitte la route – *droite, sèche et déserte* – près d'un petit village de l'Yonne, Villeblevin, et s'écrase contre un platane. Ainsi que l'indiquera laconiquement la dépêche d'agence : « Le monde littéraire français vient de perdre, aux côtés de Michel Gallimard, directeur de la collection La Pléiade, Albert Camus, quarante-sept ans, prix Nobel de littérature en 1957. » Dès lors, les méprises ne vont plus cesser.

La bourgeoisie a-t-elle eu complètement tort, cependant, de considérer Camus, un moment au moins, comme l'un des siens ? Pour ceux qui ont connu l'homme capable d'écrire *La Chute*, ce chef-d'œuvre de la dérision subversive, cela ne fait pas de doute. Mais n'aurait-il pas servi indirectement les intérêts de ceux qu'il méprisait, renchériront les maîtres ordinaires du soupçon ? Voici, à tout le moins, comment les communistes et les bourgeois ont pu le croire.

Très tôt Camus s'intéresse au monde dans sa dimension planétaire. Ce qui l'obsède, c'est de voir comment les humiliés et les offensés vont se révolter et comment leur révolte va être trahie dans la révolution. Le combat contre les idéologies perverties, déviées, aliénantes, contre le meurtre logique et le délire historique, ce combat lui paraît mille fois plus important que celui du sort immédiat de la bourgeoisie française. Si bien que lorsque les communistes et leurs compagnons de route accuseront les dénonciateurs du stalinisme de «désespérer Billancourt», la bourgeoisie les croira. La droite pensera pouvoir reconnaître en Camus non pas l'un des siens, bien sûr, mais l'un de ces alliés involontaires qui peuvent retarder son déclin en semant le doute chez ses ennemis. On sait, de reste, que ce doute ne démobilisera personne. Mais il faut souligner au surplus que Camus ne s'est jamais résigné ni au capitalisme ni à la condition ouvrière. Ni espoir dans le paradis socialiste ni résignation à l'exploitation capitaliste : il vivait sa révolte au présent. Elle ne devait jamais le quitter.

Dans ces années-là, qui suivirent sa mort, nous étions un certain nombre à l'attendre, à guetter le moment où réparation serait faite. Où justice lui serait rendue par les siens et eux seuls. L'imposture était en effet qu'il fût jusque-là confisqué par les bien-pensants, ses adversaires naturels : ceux dont il aurait dû être dans la nature des choses qu'ils le rejettent. S'il était récupéré, ce ne pouvait être que sa faute. Morale de Croix-Rouge, comportement de scout, révolté pour patronage, candidat à la sainteté sans dieu, esthète des «valeurs», pourvoyeur d'opiums et fournisseur d'alibis : voilà ce que la société intellectuelle, sa famille, lui mettait sur le dos. Interpellée sur le bien-fondé de son mépris, cette société brandissait, accusatrice, les preuves du grand accueil de la bourgeoisie.

Dans les bibliothèques, Camus – bien fait pour lui ! – rejoignait Teilhard de Chardin, Péguy et Saint-Exupéry. On le lisait dans les paroisses et on offrait ses livres en étrennes. Pour la pensée, si tant est qu'on lui en prêtât une, on dénonçait en lui le fils naturel d'Alain et de Bergson – ce qui, à mes yeux, est un magnifique compliment. Et, plus tard, quand Jacques Monod publia *Le Hasard et la Nécessité*, ce fut avec une condescendance de roc qu'on lui régla son compte : il s'agissait d'une «illustration scientifique des pensées camusiennes»! Crime des crimes : les tirages posthumes, pendant ce temps, ne cessaient d'augmenter. Sentencieux, un pharisien décréta : «C'est quand l'Église est pleine qu'il faut s'interroger sur le dogme.» Ce n'était plus le purgatoire. C'était l'enfer!

Mais enfin, abandonnons le procès des adversaires et parlons de Camus lui-même. Je sais bien qu'il était, selon Sartre, «l'admirable conjonction d'un homme, d'une action et d'une œuvre» et qu'aujourd'hui, il ne reste plus que l'œuvre. Ce que cette conjonction arrivait à provoquer, il est bien normal qu'un seul de ces éléments ne puisse le restituer en totalité. Raison de plus pour revenir sur l'homme, mais d'une façon différente et dont je ne vois nulle trace chez ses biographes – sauf, peut-être, dans le livre d'Olivier Todd. En un mot, Camus était tout le contraire de ce qu'on appelle un bourgeois. Vraiment : exactement le contraire. Et là encore, le journalisme, avec ce qu'il implique de quête et de rencontre, mais aussi de tumulte et de tourbillon, répondait à sa disposition intérieure.

Je voudrais d'abord évoquer cette horreur définitive de Camus pour la possession de n'importe quel bien dans ce monde, une chose qui le plaçait aux antipodes des bourgeois. Il a dit, et souvent écrit qu'il aimait les maisons nues comme celles des Espagnols et des Arabes; il a dit aussi que son lieu de prédilection pour écrire, c'était la chambre d'hôtel. L'obsession de la sécurité, la conservation des privilèges matériels, toute espèce de conformisme dans les idées, les mœurs, l'organisation de la vie, tout cela lui était totalement étranger. Longtemps, il n'a considéré comme freins à son appétit de volupté que les limites imposées par sa maladie et son désir de ne pas ajouter aux malheurs du monde. L'argent, les honneurs, la considération, bref tout ce qui était bourgeois lui faisait horreur. À cette époque, le bourgeois évoquait aussi l'«imbécile» qui, selon Flaubert, se croit obligé de «conclure» ou le «salaud» selon Sartre. Mieux encore : celui qui, comme Clamence, le héros de *La Chute*, dénonce la mauvaise foi de la bonne conscience.

Camus ne s'en remettait à aucun ordre établi, à aucune valeur admise ni à aucune routine sociale pour son comportement le plus quotidien. À chaque moment, pour chaque décision, il réinventait sa propre morale. Il aimait la compagnie (supérieurement enrichissante selon lui) des marginaux et des prostituées, ce qui l'avait rapproché de Dostoïevski. La vie «régulière» ne se justifiait à ses yeux que dans les périodes de travail intense. Il se donnait dans le plaisir avec une violence exaltée, avec un mysticisme païen, comme Lorca. Ce respect du bonheur lui faisait prendre en horreur tous les calculs, toutes les installations, toutes les habitudes. Il n'est pas un seul des propos qu'il ait tenus devant moi qui ne contienne une mise en question totale de l'ordre bourgeois. Sur la façon, par exemple, dont la bourgeoisie avait, depuis deux siècles, transformé les rapports entre les hommes ; sur le caractère étriqué des êtres «fermés sur eux-mêmes, qui ne fuient la banquise parisienne que pour la hideuse maison de campagne.» Camus pensait, pour tout dire, que la bourgeoisie n'avait de réalité que dans le despotisme de l'imposture : ce dernier étant caractérisé par le mépris, et la bourgeoisie devant, par essence, provoquer ce mépris. Mais aujourd'hui, en 2006, depuis qu'il n'y a plus de peuple, cette notion de « bourgeois » est à réviser tous les cinq ans.

Seulement, il avait un souci de cohérence qui devait paraître aux yeux de certains, au cours de ces décennies marquées par une sorte de puritanisme révolutionnaire, une injure. Je me souviens d'un jour, où nous étions assis à la terrasse d'un café avec Louis Guilloux. Guilloux et moi revenions d'une session à Venise de la Société européenne de Culture, société dont Camus venait de démissionner, incapable, disait-il, de faire face aux obligations que l'adhésion entraînait. Guilloux intervint pour dire que les travaux de cette Société l'« emmerdaient ». Il en avait assez d'entendre des artistes et des écrivains confondre la morale et la création. Citant un poète irlandais, W.H. Auden, il dit : « L'art ne se nourrit que de ce que la culture condamne. » Et il développa l'idée que, par une vie amorale, les artistes contribuaient à l'édification d'une culture qui pouvait déboucher, elle, sur une attitude morale mais que les artistes n'avaient pas à s'en soucier. Camus eut d'abord un sourire d'approbation complice ; puis il répondit qu'on ne pouvait s'y résigner, qu'il fallait trouver ce qu'il y avait de vicié, ou dans l'art, ou dans la culture, ou dans les rapports entre les deux. L'absurdité entre l'homme et le monde, soit, disait en substance l'auteur du *Mythe de Sisyphe*, mais pas l'absurdité entre les hommes.

Artiste jusqu'au bout des ongles, Albert Camus refusait cependant que l'art pût être un privilège. Il n'aimait pas la bohème professionnelle ni cette consolidation de la société bourgeoise que constituent les avant-gardes patentées. Il pensait que ces dernières sont sécrétées et tolérées par la bourgeoisie comme le sont les maisons, bien nommées, de tolérance. Avec la volonté de bonheur et le souci de cohérence, lui était venu tout naturellement un sens qu'il appelait par bravade celui de *l'honneur*, mais qui, plus prosaïquement, n'était peut-être rien d'autre que le sens de la responsabilité. J'ai lu quelque part, et sous la plume d'un Rastignac imprudent, qu'il s'agissait là d'une notion creuse et d'un jargon bourgeois. La responsabilité, pour Camus, c'était une façon de lutter, il est vrai, contre tous les visages de la bourgeoisie, y compris celui qu'elle prend dans l'individualisme théâtral ou le cynisme brillant. «Solitaire et solidaire», il l'a assez dit et il ne s'est pratiquement entouré que de cyclothymiques qui ont passé leur temps à crier tour à tour leur dégoût du monde et leur fraternité avec les hommes. Bref, pour Camus, être responsable, c'est d'abord participer.

La morale contre le moralisme

Mai 68 : nous avons, j'ai, un espoir. Impossible, pensions-nous, pour les spontanéistes et les libertaires, de ne pas se reconnaître en Camus. On parle ici de mai 68 dans toutes les richesses de son imprévisibilité et non tel qu'il a été dompté puis reconstruit par les jeunes adeptes de la vieille doctrine. Or il y a dans Camus de quoi constituer le bréviaire de ces iconoclastes allègres. Un petit livre vert pour premiers matins du monde. À vingt-huit ans, Camus écrit : « Oui, l'homme est sa propre fin et il est sa seule fin. S'il veut être quelque chose, c'est dans cette vie. » « Mon royaume, ajoute-t-il, est de ce monde. » Et, comme Gide, il cite Pindare : « Ô mon âme, n'aspire pas à la vie immortelle, mais épuise le champ du possible. » Supprimez « l'âme » : cela pourrait avoir été écrit sur les murs de la Sorbonne. Plus tard : « Je n'ai que de l'aversion pour ces amants de la liberté qui veulent la parer de chaînes redoublées, comme pour ces serviteurs de la justice qui pensent qu'on ne la sert bien qu'en vouant plusieurs générations à l'injustice. »

Où est sa place sinon parmi ces étudiants qui veulent « tout, tout de suite » ? Où se situe l'auteur de *Caligula* sinon parmi ceux qui veulent extirper d'eux-mêmes le goût du pouvoir et le fanatisme meurtrier de la logique ? Aucun texte, pourtant, ne sera exhumé ; aucun livre rouvert ; aucune pièce rejouée. Les enfants de *L'Homme révolté* ne méprisent pas leur père. Ils l'ignorent. Partout ? Non : il s'en faut. Mais on ne le sait pas en France.

En août 1968, Ilios Yannakakis, réfugié tchèque, ancien professeur de littérature française à la faculté de Prague, raconte comment l'écrasement du fameux « printemps » l'a surpris en plein cours sur Camus. Et, arrivé à Paris, c'est à des amis de Camus, dont j'étais, qu'il a voulu rendre visite. C'est très impressionnant de l'entendre. Les turbulences libertaires et situationnistes des étudiants français, si sympathiques qu'elles puissent être, le déconcertent totalement. Elles déconcertent ce professeur qui rêve, chez lui, de pouvoir profiter d'une société comme celle qui est contestée à Paris. Car, à Prague, Camus, bien qu'interdit depuis des années, circule sous le manteau. Et il nous apprend que *L'Homme révolté*, avec ses éditions clandestines, contient à ses yeux et quand il l'enseigne, le secours, le recours et la lumière de lecteurs qui le citent « en chuchotant », dit-il. En chuchotant à cause, aussi, de l'émotion qu'ils ressentent !

Comment résumer cette lumière ? Yannakakis répond par la dénonciation radicale du mensonge. Il dit cette phrase que j'ai notée mais aussi publiée à l'époque : « Nous étions dans une caverne. Nous avions oublié qu'il faisait jour à midi. *L'Homme révolté* a restitué une évidence. » Après lui, des hommes comme Gery Belican, Milan Kundera, le philosophe polonais Kolakowski, l'historien Geremek, le mathématicien soviétique Sakharov et Boukovski ont évoqué la dimension libératrice de l'œuvre de Camus, et c'est énorme. Je me suis toujours référé à cette fonction libératrice de l'œuvre de Camus à l'Est pour me consoler des critiques dont il a été l'objet à l'Ouest et pour les trouver assez frivoles. L'idée que cet homme, par ses œuvres et par l'expression qu'il en donnait, pouvait atteindre ce degré d'efficacité, ne laisse pas de m'en imposer.

Deux ans plus tard, c'est Czeslaw Milosz, le grand poète polonais, de passage à Paris, qui nous rappelle que, lors de son arrivée en France en 1947, puis persécuté par les staliniens, il a été boudé par toutes les sociétés intellectuelles, des marxistes aux sartriens, mais reçu fraternellement par Camus. C'est aussi le cas du Mexicain Octavio Paz, pareillement marginalisé à l'époque. Ces trois anciens communistes, Camus, Paz et Milosz recevront plus tard le prix Nobel à Stockholm où, événement dans l'événement, Soljenitsyne, à son tour lauréat, citera le discours du prix Nobel de Camus et sa dénonciation du mensonge. On peut se poser des questions sur les raisons qui ont donné, à l'Est, l'avantage à Camus sur Raymond Aron, l'auteur de chefs-d'œuvre, de pamphlets comme *L'Opium des intellectuels* ou *D'une Sainte famille à l'autre*. Curieusement et injustement, ces deux œuvres, qui ont une très grande importance dans l'origine de la pensée antitotalitaire dans la société intellectuelle, auront à l'Est moins d'éclat, de retentissement, de prestige que le nom de Camus. Il résume pour eux cette pensée totalitaire mieux qu'aucun autre. Ce sera aussi l'avis de l'auteur d'un classique sur le totalitarisme, Hannah Arendt.

Les traductions clandestines en Europe de l'Est, les livres qui sont demandés aux diplomates occidentaux à Moscou, les discussions entre étudiants communistes à Varsovie, les témoignages de Sakharov, Chafarevitch et de Zinoviev : tout révèle que Camus a trouvé ailleurs son vrai public. Ailleurs, c'est-à-dire partout où l'on justifie l'oppression et le meurtre au nom de l'Histoire. On le fait aussi en France ? Oui, mais en théorie seulement. Ailleurs, l'oppression et le meurtre sont des réalités et la justification philosophique n'en est plus supportable, plus supportée. En France, il faudra encore attendre.

Ce qui finira par arriver, dix ans plus tard. Il s'agira alors de prévenir un nouveau malentendu et, celui-là, en sens inverse. Mais ce n'est pas là l'essentiel. Notons d'abord que ces retrouvailles ont lieu à l'Ouest avec les jeunes, à l'Est avec les dissidents : somptueuse rentrée et bien conforme au destin de Camus. Car les jeunes et les dissidents, eux, se délivrent de l'Histoire. Or la vérité, c'est que, depuis l'origine, entre Camus et les intellectuels, entre Camus et la gauche marxiste, il y a toujours eu l'Histoire. Le sens de l'Histoire, la philosophie de l'Histoire, le messianisme historique. C'est-à-dire que, comme écran, il y a toujours eu cette part du marxisme qui propose des clefs pour l'avenir mais aussi des raisons d'État pour le présent ; une volonté de transformer le monde mais aussi le sacrifice des meilleurs parmi les hommes qui habitent ce monde.

Pour Camus, contrairement à certains de ses nouveaux héritiers, le prophétisme historique n'est pas tout le marxisme – lequel a forgé des instruments d'analyse toujours utilisables. Mais le communisme a pris entièrement en compte cette fausse science de la prévision qui prétend au surplus excommunier ceux qui osent s'interroger sur elle. Sans parler de la dimension religieuse de cette « science » : l'incitation meurtrière à l'espérance.

À vingt-deux ans, Camus, déjà comblé et menacé, refuse la tricherie de l'espoir : « De la boîte de Pandore où grouillaient les maux de l'humanité les Grecs firent sortir l'espoir, après tous les autres et comme le plus terrible de tous. Il n'est pas de symbole plus édifiant car l'espoir, au contraire de ce que l'on croit, équivaut à la résignation, et vivre ce n'est pas se résigner. »

C'est un texte de *Noces*, ce petit livre, qui a procuré au lyrisme les dimensions d'une exaltation philosophique. Dès vingt-deux ans donc, il s'insurge contre l'espoir dispensé par les religieux de tout bord : par tous ceux que son maître Jean Grenier dénonçait comme des adeptes de « l'esprit d'orthodoxie ». Cela n'empêchera pas Camus d'adhérer au parti communiste, mais c'est aussi cela qui l'en fera sortir. L'espoir ne peut pas servir à justifier l'univers concentrationnaire. À partir du moment où Camus découvre la réalité des camps de concentration en Union soviétique, réalité qu'il croyait être l'apanage exclusif du nazisme, toute sa pensée politique, toute sa vision historique s'organise, s'ordonne, s'articule autour de cette découverte. Il va s'interdire toute action qui ne prendrait pas en compte la réalité concentrationnaire.

En 1952, il pose une question brûlante, décisive : au nom de quoi peut-on tolérer que l'Union soviétique parque des millions de citoyens dans des camps de concentration sinon parce que l'Union soviétique apparaît comme le seul et unique instrument de la réalisation dans l'Histoire de l'Absolu ? Sartre accepte la question mais répond qu'il est *autant* préoccupé par la réalité concentrationnaire que par l'usage fait de cette réalité par la société bourgeoise. D'autre part, entre le nazisme et le stalinisme, Sartre voit une différence non point de fait mais d'intention et c'est à ses yeux considérable. Le monde n'a pas bougé. On a l'impression d'avoir déjà entendu cela quelque part, depuis les années soixante-dix surtout et avec l'antienne du Goulag. Eh bien, oui, le monde n'a guère bougé, à tout le moins la France dans ses présupposés idéologiques ; mais observons qu'en 1952, ceux qui en parlaient dans la douleur et le désert avaient un sacré mérite.

À l'époque, ceux qui s'écartaient du socialisme soviétique étaient condamnés à être de « belles âmes », suprême injure. La belle âme, dans ce vocabulaire des « bourreaux-philosophes », ce n'était pas seulement la tare de l'intellectuel égaré dans la sentimentalité pleurnicharde. C'était surtout l'ignorance du médiocre penseur, de celui qui ne connaissait ni Hegel, ni la Critique marxiste du socialisme utopique ; de celui qui ne disposait pas de cet arsenal d'armes absolues : le secret, le code, le chiffre, pour décrypter les contradictions du capitalisme, le sens caché de l'Histoire et le caractère progressiste de la violence. Avec le dogme défendu par les prêtres à l'intérieur d'une Église tournée vers le Vatican moscovite, il n'y avait plus de place pour les chercheurs angoissés, pour les hommes du refus et du présent. Le doute lui-même était crime en raison de sa fonction démobilisatrice. Servant objectivement l'ennemi de classe, Camus était tantôt traité de gentil écrivain philosophant au-dessus de ses moyens, tantôt de pasteur bêlant au service de la bourgeoisie.

Ce retour à Camus à l'occasion de la vague antitotalitaire qui a secoué la France assoupie à l'entour de 1975, ce fut en fait une condamnation de l'Histoire comme système, comme mécanique, comme idolâtrie. C'est ce qu'avaient bien compris alors Claudie et Jacques Broyelle, qui avaient été maoïstes avant de découvrir Camus à Pékin et d'en rapporter ce beau livre aux accents précisément camusiens, *Le Bonheur des pierres*. Bernard-Henri Lévy s'en souviendra longtemps avant qu'un très beau livre sur Sartre (à mon avis son meilleur) ne lui fasse oublier notre dette commune à l'égard de *L'Homme révolté*. Allègrement, il s'avise aujourd'hui qu'il préfère avoir tort avec Sartre que raison avec Camus. Cela parce qu'il a négligé de lire attentivement le chapitre de *L'Homme révolté* consacré à Nietzsche. Pareillement, sans les annexer à la cause, les Glucksmann, Jambet, et leurs compagnons encouragés par Maurice Clavel à ferrailler contre le Goulag, étaient en dette envers Camus au moins pour l'inspiration et la posture. Eux-mêmes n'avaient-ils pas été victimes de cette fascination pour l'Histoire avant de se réveiller en plein cauchemar? On comprend, dans ces conditions, que le chemin à parcourir pour retrouver Camus ait été si long. Il fallait d'abord que le dogme de l'infaillibilité stalinienne disparût complètement. Or cette disparition, si elle a vraiment eu lieu, fut tardive.

Il fallait donc accepter la réalité des conflits entre pays socialistes, l'existence de luttes de classe dans les démocraties populaires, comme l'idée que la guerre, jadis liée au seul capitalisme, soit un orage que la nuée socialiste porte aussi en elle-même. Il est bien vrai qu'en 2006 on fait à nouveau la guerre au nom de la démocratie capitaliste et on verra que cette conception de la guerre préventive met la planète en danger mortel. Mais à l'époque il fallait reposer les problèmes que la foi communiste avait rendus anachroniques. Ceux de la fin et des moyens, de la violence, du piétinement et des tourbillons de l'Histoire. Bref, il fallait surtout,

surtout, accueillir la résurgence d'un mot qui paraissait presque obscène : la morale. Un mot « bourgeois ». Un mot criminel. Écume, miroir, reflet d'un ordre économique oppresseur, ne disposant d'aucune autonomie, la morale ne pouvait être invoquée que pour masquer les sombres desseins de l'idéologie dominante. C'est ce credo qui devait s'effondrer pour permettre le recours à Camus. Une période va suivre celle des années post-68 pendant laquelle nous autres éditorialistes, commentateurs ou chroniqueurs allons vivre les printemps de la dissidence et de la révolte en même temps que les convulsions de la décolonisation. C'est surtout à cette époque, qui va de Soljenitsyne à la Révolution des Œillets au Portugal, que nous découvrons ce que Camus a apporté à tous ceux qui subissaient un système totalitaire. Les témoignages vont affluer mais ils seront peu orchestrés à Paris. À juste titre ou non, la société intellectuelle parisienne entend réserver à l'école aronienne l'exclusivité de la pensée antitotalitaire. Les combats anticommunistes de la social-démocratie, le rôle des Willy Brandt, des Olaf Palme, des Mario Soares, des Felipe Gonzalez est relativisé. Je ne suis même pas sûr que l'on se soit aujourd'hui rendu compte à quel point la recherche et la pensée d'un Camus se sont insérées au cœur du monde et de l'histoire pour atteindre, dans la clandestinité, ceux qui attendaient son message.

Si Camus n'a pas perdu son temps à refaire le procès – à ses yeux mille fois justifié – du capitalisme, c'est parce que l'Europe, pour lui, n'était pas le monde ; parce que l'Europe était condamnée à se déchirer dans des contradictions (et il acceptait, au moins partiellement, l'analyse marxiste de ces traditions) ; c'est parce que, pour lui, la grande affaire du siècle consistait dans la trahison d'un rêve qu'il a partagé et dans la déviation d'une révolution qu'il a appelée de ses vœux et de ses forces. Si sa voix se fait entendre dans les pays où ces déviations révolutionnaires ont eu lieu, c'est à la fois du fait de la précision de ses prophéties et aussi que cette voix est authentifiée : elle n'est pas celle du réformiste par confort ou par alibi ; elle n'est pas celle du renégat ou de l'embourgeoisé. Elle est, au contraire, constamment vibrante de toutes les espérances et de toutes les volontés des peuples qui, loin de vouloir revenir en arrière, aspirent à la destruction de l'imposture et à la réhabilitation de la révolution.

Le contenu du message n'en est pas moins, si l'on ose dire, « révisionniste ». Ce qui avait le plus touché mes interlocuteurs marxistes de l'époque, c'est la critique par Camus de « l'historicisme ». C'est l'un d'entre eux qui m'a cité ce passage : « Je ne suis pas de ces amants de la liberté qui veulent la parer de chaînes redoublées, ni de ces serviteurs de la justice qui pensent qu'on ne la sert bien qu'en vouant plusieurs générations à l'injustice [...] J'ai essayé de respecter mon métier à défaut de pouvoir toujours m'estimer moi-même. J'ai essayé particulièrement de respecter les mots que j'écrivais puisque, à travers eux, je respectais ceux qui pouvaient les lire et que je ne voulais pas tromper. »

Camus reste pour eux celui qui, après avoir dit un « non » à Dieu avec une violence qu'ils sont, eux, loin d'oublier, a dit « non » à l'histoire avec une violence qui aujourd'hui les nourrit.

Mais je n'entends pas un seul moment solliciter l'œuvre de Camus. Je veux simplement témoigner de deux choses : la première, c'est que son succès parmi les bourgeois ne peut être que le fruit d'un malentendu. La seconde, c'est qu'il y eut dans le monde, en ces années 60 marquées pour partie par la recherche de l'utopie, et plus sûrement par celle de la justice, des jeunes révoltés et révolutionnaires qui, à tort ou à raison, interprétèrent sa pensée comme (selon moi) il avait rêvé qu'elle le fût.

Il a ses recettes personnelles. Quand il dit : « Il me paraît impossible de ne pas se mettre en règle avec la terreur que le communisme suppose aujourd'hui et, par exemple, avec le fait concentrationnaire. » Ou quand il n'hésite pas à déclarer qu'il s'est trompé et que, désormais, il fera tout pour garder les valeurs morales, même si cette expression paraît ridicule aux cuistres du réalisme historique. Et lorsqu'il demande aux intellectuels – et aux journalistes ! – d'observer quatre obligations : « 1. Reconnaître le totalitarisme et le dénoncer. 2. Ne pas mentir et savoir avouer ce qu'on ignore. 3. Refuser de dominer. 4. Refuser en toutes occasions et quel que soit le prétexte tout despotisme même provisoire », on a l'impression de détenir enfin ces règles de vie qui mettent à l'abri des plus sanguinaires égarements. On a vu que, comme socle philosophique de toutes ces règles, il y avait la prééminence du fait moral. Mais comme j'écris ces lignes en 2006, je suis frappé par le fait que, chez Camus, la morale n'était pas le moralisme. Si l'on peut dire qu'il était par certains aspects nietzschéen, c'est dans le sens où la dénonciation de l'imposture décante l'éthique. Or, dans *Zarathoustra*, *Par-delà le bien et le mal*, *Le Gai Savoir*, c'est bien le moralisme que, sous le christianisme, débusque Nietzsche. Moralisme ? L'alibi compassionnel derrière les comportements. La pitié qui conduit à secourir les victimes en préparant leur servitude. Il se trouve que notre époque n'a jamais été autant moraliste : responsable et coupable de tout en même temps, dans l'immersion parmi les victimes. Camus détestait aussi la mortification. Il faut s'aimer un peu et si possible être heureux pour aider les autres.

DEUXIÈME PARTIE

« La lucidité est la blessure la plus rapprochée du soleil. »

René Char

La grande illusion messianique

C'est le moment de souligner quelques thèmes
– essentiels ici pour mon propos – de la pensée de
Camus. D'abord parce que je n'ai jamais séparé le journalisme, surtout engagé, d'une culture qui comprend
à la fois la philosophie et la littérature. Je regrette
aujourd'hui de ne pouvoir y ajouter la science, qui est
loin de mes compétences. Mais Michel Foucault m'a
appris à déceler les présupposés philosophiques de
toute pratique du journalisme. Il en a même fait une
préface à l'un de mes livres. J'ai choisi parmi les présupposés de Camus et de ceux qu'il avait influencés les
thèmes du messianisme révolutionnaire, de l'innocence,
de la bonne conscience et du mensonge. J'accepte que
certains camusiens décèlent de l'arbitraire dans ma
démarche comme dans mes choix. Mais si subjectives
que puissent demeurer les brèves réflexions qui vont
suivre, je tiens qu'il est difficile de s'en passer, au moins
pour justifier mon titre, « Avec Camus ».

Pourquoi le messianisme ? Au temps de Staline, deux
cinéastes soviétiques avaient demandé à Chostakovitch de composer pour leurs films une musique qui
devait accompagner les paroles d'un hymne conqué-

rant et allègre pour les jeunes prolétaires du monde. Les paroles ont été écrites par Jeanne Perret en 1932. Le grand compositeur a eu raison de ne pas refuser cette commande car elle lui a inspiré une très belle marche que l'on réentend souvent sans savoir qu'elle est de lui. Mais ce que ne soupçonnaient certainement pas ni Chostakovitch ni Jeanne Perret, c'est que leur chanson allait devenir, en France, l'hymne et le symbole du Front populaire. Le titre de la chanson : *Au-devant de la vie* (quelques vers « Allons au-devant de la vie / Allons au-devant du matin / Debout, amis / Il va vers le soleil levant / Notre pays »). La chanson a gonflé la poitrine de tous les jeunes progressistes du monde. On ne l'entend d'ailleurs pas aujourd'hui encore sans un certain frémissement. Mais de plus le soleil levant, c'est la promesse des lendemains qui chantent et c'est déjà aussi une sorte de lumière qui va plus loin que l'espérance. Car le lever du soleil est déjà une promesse tenue. L'idéal va consister à se rendre vers lui mais on ne saura jamais quand on l'atteindra. C'est l'expression la plus poétique de cette projection dans un avenir paradisiaque, en somme eschatologique, que tous les experts devaient analyser dans le communisme. Très tôt, les Jean Grenier, Jules Monnerot et Raymond Aron ont décelé la présence de la transcendance dans le matérialisme dialectique.

Un mathématicien soviétique, Chafarevic, alors dissident, mais chez qui le souci écologique devait malheureusement confiner au chauvinisme, avait écrit un livre lumineux sur cette question, retraçant vingt siècles d'utopie et de philosophie eschatologique, de projets qui transportent dans l'avenir et vers les générations futures la réalisation de la société heureuse. Ayant passé en revue toutes les hérésies, toutes les grandes religions, toutes les grandes réformes, il s'était aperçu qu'il y avait un thème commun à toutes ces utopies ; toutes admettaient le passage des trois étapes prévues dans les livres saints, y compris les utopies les plus modernistes, les plus scientifiques ou les plus marxistes. Ces trois étapes sont : la promesse, la chute et le rachat.

La *promesse*, c'est l'annonce, soit par la révélation soit par l'histoire, que la société et les hommes vont connaître le bonheur ; la *chute*, c'est le péché originel pour les uns ou l'exploitation pour les autres ; et le *rachat*, c'est soit la résurrection soit la révolution, la tentation de précipiter la chute pour obtenir le rachat devenant alors de plus en plus grande. Il montre que toutes ces philosophies ont en commun une espérance mais qu'elles passent toutes par une destruction. Elles apportent toutes une solution à tous les problèmes de la vie et de la mort ; c'est encore plus frappant si l'on étudie les grandes hérésies du Moyen Âge, en particulier l'hérésie cathare où l'on retrouve des thèmes familiers au socialisme de la fin du XIXᵉ siècle. On assiste, à ce moment-là, à la naissance d'une idée dont nous sommes aujourd'hui les victimes : si vraiment l'humanité doit passer par la chute et le déclin pour accéder à la société heureuse ou égalitaire, il faut employer tous les moyens pour précipiter cette chute, soit par les grandes révolutions, soit par le terrorisme individuel. Pour les islamistes radicaux, il s'agit moins de rechercher le bonheur que le salut, et la terreur est accompagnée de, ce qui la sauve, à savoir le suicide, qui transforme les terroristes en martyrs.

Aujourd'hui, les penseurs iraniens ont bien compris qu'il fallait établir un signe d'équivalence entre la notion selon laquelle tout est politique et celle qui préconise que tout doit être religieux. À partir du moment où l'on investit la religion dans la politique, la violence devient sacrée. C'est pour cela que, dans la voix off dont je parlais tout à l'heure, derrière tous les textes et tous les discours, il faut deviner et voir en ombre chinoise l'infrastructure violente que peut contenir un message. Souvent, chez les auteurs, dans leur environnement culturel et dans ceux de leur enfance, on retrouve cette idée que les difficultés de la vie, de l'amour et de la mort peuvent avoir une solution, soit dans un exercice collectif de la religion soit dans un exercice individuel, c'est-à-dire le terrorisme. De ce point de vue, on peut dire que nous avons vécu au XXᵉ siècle une sorte de déchaînement de l'espérance dans une période où tout conduisait à nier l'espérance.

Si je me demande une fois encore ce que l'on peut penser d'un recours à Camus, il s'explique pour moi par notre condamnation à vivre désormais dans le présent. Camus a été certainement le premier, dans ce XXᵉ siècle, à avoir prophétisé l'époque où l'on ne pourrait plus s'adosser aux modèles du passé, où l'on ne pourrait plus se réfugier dans les projets d'avenir, où l'on serait obligé d'avoir une vie verticale, avec une lucidité constante et quasi inhumaine sur un destin qui se joue à chaque seconde. L'actrice camusienne Catherine Sellers aime à citer cette définition de René Char, le poète préféré de Camus : « *La lucidité est la blessure la plus rapprochée du soleil.* »

Les deux essais philosophiques *Le Mythe de Sisyphe* et *L'Homme révolté* commencent, le premier en disant qu'il n'y a qu'un seul problème sérieux dans la philosophie : le suicide ; et le second en affirmant qu'il n'y a qu'une seule réflexion importante dans la philosophie : le meurtre. Entre ces deux commencements d'œuvre, quinze années se sont écoulées, la durée nécessaire pour établir un système de pensée qui aboutit à cette conclusion si moderne : tant qu'on n'évacue pas l'absolu de la politique, on se condamne à considérer la société ou l'*autre* comme un ennemi.

Le retour de Camus, accompli en mai 68, huit ans après sa mort, devait se confirmer autour de 1975, avec l'effondrement du marxisme dans les esprits, que n'allait pas tarder à suivre celui du Mur de Berlin. La fin du communisme soviétique n'irait pas, cependant, sans convulsion. De l'autre côté du Rhin ou de l'autre côté des Alpes, des « Armées », « Fractions », « Brigades » issues du désespoir militant s'abandonneraient volontiers à la terreur. Au cours de ces années de plomb, pour comprendre de l'intérieur des actes de terrorisme, en Italie en particulier, et bien avant qu'il ne prenne le visage du martyr islamiste, rien ne me paraissait alors, et ne semble encore aujourd'hui, plus essentiel que la démarche première de Camus. Mais il s'agit précisément pour moi d'expliquer comment un homme qui a vécu plusieurs guerres et qui a été témoin de plusieurs révolutions recherche une vérité non pas dans ce qu'il dit ni dans ce que les autres disent mais dans les obsessions du présent. Leçon *camusienne*, s'il en est.

Sur Sartre et Aron

Lucide et précocement, sur le totalitarisme et sur l'Algérie, Raymond Aron n'avait pas une considération particulière pour Camus et je crains bien qu'il ne lui prêtait qu'une pensée indigente. Raymond Aron n'a jamais compris les rapports, si passionnels par intermittence, que pouvaient avoir Sartre et Camus. Mais en dépit de la distance que manifestait le professeur au Collège de France à son endroit, Camus n'aurait tout de même jamais pu penser qu'il valait mieux « avoir tort avec Sartre que raison avec Aron ». Pour mon plaisir, cette formule vaut une digression.

C'était dans les semaines qui avaient suivi mai 68. Nous avions publié un entretien dans lequel Sartre ne souhaitait rien de moins que voir son camarade Aron promené nu dans l'Université. Nous avions jugé cette truculence plutôt outrancière, on s'en doute, mais l'idée de censurer Sartre n'était jamais venue à qui que ce fût en ce monde. En revanche, les anciens élèves d'Aron et certains de ses disciples amis de ce journal nous demandèrent de publier leur témoignage de solidarité. Ce que nous fîmes. Et, ayant toujours eu de la vénération intellectuelle pour Aron, je pris même l'initiative de l'appeler, mais je n'eus au téléphone qu'un Raymond Aron ulcéré, éructant, méprisant.

Il fit de cette conversation une chronique déconcertante dans *Le Figaro*. C'est alors que, m'adressant à Claude Roy et commentant cette chronique, je déclarai avec accablement et impatience qu'à la fin des fins je me demandais s'il n'était pas plus facile d'avoir tort avec Sartre qui « trucule, exubère et effervesce » (Claudel), plutôt que d'avoir si tristement raison avec Aron. La semaine suivante, je vis cette phrase à peine modifiée dans un article où Claude Roy me citait. Mais deux ans plus tard, Bernard-Henri Lévy, s'entretenant pour nous avec Raymond Aron, lui soumettait la même réflexion dont il avait lui-même oublié l'auteur et en la mettant sur le compte d'une certaine « vulgate d'hostilité ». Et c'est vrai qu'aujourd'hui on retrouve cette citation à peu près partout. Et dans tous les livres que nous avons évoqués, on la rapproche d'une manière un peu hâtive de la réflexion de Camus déclarant qu'il préférait sa mère à la justice, et, d'une manière plus opportune, du cri de Dostoïevski : « Même si l'on me prouve que le Christ n'est pas la vérité, je choisirai le Christ contre la vérité. »

Incroyable cheminement d'une boutade. Mais ce n'est pas fini. Car j'ai découvert autre chose il y a quelques années. Aron, que cette réflexion avait, paraît-il, le don de mettre en fureur, avait pratiquement écrit dans son jeune temps quelque chose de semblable. Les aroniens ne relisent pas souvent, semble-t-il, la préface à l'un de mes livres de chevet, *Les Étapes de la pensée sociologique*. C'est un tort. Que trouveraient-ils, en effet, s'ils la relisaient ? Ceci, qui est assez admirable : *« Obligé de me contraindre quand il s'agit de reconnaître les méri-*

tes de Durkheim, je conserve à Max Weber l'admiration que je lui ai vouée dès ma jeunesse. Sur bien des points, et même des points importants, je me sens très éloigné de lui ; il reste que Max Weber ne m'irrite jamais même quand je lui donne tort, alors qu'il m'arrive d'éprouver un sentiment de malaise même quand les arguments de Durkheim me convainquent [...] Je laisse aux psychanalystes et aux sociologues le soin d'interpréter ces réactions probablement indignes d'un homme de science [...].» C'est vrai : ces sortes de sentiments, chez lui comme chez nous, ne relevaient pas de la science.

Il est un point par lequel, cependant, Camus échappait à la fois à la séduction marxiste que subissait Sartre et à la séduction hégélienne que subissait Aron. L'influence de son professeur de philosophie, Jean Grenier ne lui avait-elle pas montré comment des esprits libres abdiquent toute raison critique parce qu'ils s'épanouissent dans l'orthodoxie ? Les premiers témoignages sur les camps, ceux de David Rousset, Robert Antelme, Louis Martin-Chauffier, Margaret Buber Neuman, l'avaient bouleversé. Sa disponibilité à rompre avec les communistes était d'autant plus grande que, contrairement à Sartre, Camus n'avait aucun complexe par rapport au prolétariat : il en sortait. Il n'avait pas à se dire tous les jours «il ne faut pas que je désespère Billancourt». Billancourt c'était lui. Ce qui lui importait par-dessus tout, c'était de dire la vérité à ceux qui étaient d'abord les siens. Ou, plutôt, de ne pas leur mentir.

Durant ces années de plomb, à l'Ouest, pour «déconstruire» l'imposture stalinienne, le chef de file était évidemment Raymond Aron, il le méritait. Mais à l'Est, on l'a vu, c'était Camus qui triomphait. Cette image de moraliste est importante à souligner parce que nous étions dans une époque où la morale n'avait plus droit de cité. Aron parlait plutôt de la liberté, ce qui n'est pas toujours la même chose. Encore que, dans deux de ses derniers livres, *Plaidoyer pour l'Europe décadente* (1977) et *Le Spectateur engagé* (1981), Aron se découvre comme à regret, mais fondamentalement, moraliste.

Mais Camus est de plus un écrivain moraliste auquel les jeunes aroniens de droite reprochent d'être vaguement arrimé à l'anticapitalisme de gauche. Dans ce sens, c'était plutôt vrai. Camus se disait volontiers social-démocrate. Aujourd'hui, cela paraît assez banal mais, à l'époque, la Suède et le socialisme nordique avaient des connotations progressistes et romantiques. Camus prétendait, lui, préparer une société de rupture avec le capitalisme et garder le lien avec les anticommunistes de gauche, avec les dissidents de l'extrême gauche. Il estimait que la dénonciation du mensonge bolchevique ne devait pas transformer les valeurs du libéralisme économique en vérité morale. Autrement dit, les raisons qui l'avaient fait adhérer au parti communiste n'avaient pas disparu. Aussi, l'idée de trouver dans l'anticommunisme ou dans le «désenchantement», comme l'on dit, une justification au nihilisme de la dérision ou au confort du dénigrement comme au reniement des valeurs de solidarité, n'est pas une idée camusienne. Il ne suffit pas d'avoir dénoncé le mensonge pour s'installer dans une vérité nulle.

L'idiot et l'innocent

Maintenant l'innocence. Un mot que l'on a déjà vu dans les déclarations de Camus citées plus haut à propos du massacre des civils ou des hommes sans Dieu. Rien n'est moins confortable ni moins rassurant que le témoignage de Camus, sur la question de l'innocence. Et là, vaut seul, pour contrepoint, Dostoïevski, sur lequel je reviens plus loin. Ce qui frappe de saisissement chaque fois que l'on parcourt l'itinéraire de Camus, c'est la rapidité avec laquelle il s'est installé dans le nihilisme et l'obsession qu'il manifeste d'en sortir. On peut trouver une référence, explicite ou non, à un paradis perdu, celui où l'on aurait été soit heureux soit justifié, les deux qualificatifs signifiant innocent. Dès le départ, le nihilisme est partout. Il est l'envers de toute chose et, parfois, il obstrue la perception de l'endroit. Les hommes sont mortels et ils ne sont pas heureux. «Il n'y a pas d'amour de vivre sans désespoir de vivre», écrira-t-il à vingt-quatre ans.

La contemplation du monde sans l'espoir d'une autre vie fait jaillir la notion d'absurde et la révolte individuelle, tandis que le spectacle de l'histoire et de ses crimes fait naître la révolte. Non seulement la seule excuse de Dieu, c'est qu'il n'existe pas, mais les rapports que les hommes ont créés entre eux dans la complicité d'un vocabulaire codé orchestrent les malentendus et renforcent la solitude. Meursault est condamné à mort pour n'avoir pas pleuré à l'enterrement de sa mère. Et Jan le Tchécoslovaque est tué par la mère et la sœur qu'il venait secourir. Les gens meurent pour la même raison que Meursault : « Il ne savait pas trouver la parole qu'il fallait. Et pendant qu'il cherchait ses mots, on le tuait. »

Meursault... Primitif, logique, sec, à peine émerveillé... Son existence oscille entre celle de l'enfant muet et de la pierre ensoleillée. Tout ce qui lui arrive avant le meurtre lui est d'une douce indifférence. Son humour, auquel Camus a pensé qu'on ne s'intéressait pas suffisamment, vient de ce qu'il ne se laisse pas détourner de sa logique minérale. Quand on lui offre une amitié ou un amour, il veut bien mais il dit qu'au fond cela lui est égal. Pourquoi ce rappel ? Eh bien, parce que c'est cet état-là que Meursault, dans son souvenir, va considérer comme heureux.

Est-on là en présence d'une complicité sous-estimée ou d'une faiblesse de l'auteur ? Cet indifférent est sans doute innocent au sens donné par les paysans à ce mot, mais il n'a pas la capacité de vivre consciemment la communion avec le monde ni d'exprimer son ivresse. Or, au moment où il est touché, comme Œdipe, par la fatale injonction de tuer, il devient d'un pathétique cosmique et il conclut : « J'ai compris que j'avais détruit l'équilibre du jour, le silence exceptionnel d'une plage où j'avais été heureux. Alors, j'ai tiré encore quatre fois sur un corps inerte où les balles s'enfonçaient sans qu'il y parût. Et c'était comme quatre coups brefs que je frappais sur la porte du malheur. »

Là, soudain, il semble que l'auteur de *Noces* intervient dans l'univers tendrement indifférent de Meursault. Le héros vivait le bonheur des pierres, ou à la rigueur des vagues, le voici qui annonce la fin de l'exaltation et de la joie. Comme si, malgré lui, Camus romancier n'avait pu s'empêcher de prêter à Meursault une sorte de vie intérieure qui eût été la sienne propre.

C'est un moment d'édification non maîtrisé comme on en voit souvent chez Dostoïevski, au détriment parfois de la logique romanesque. À la fin de *L'Idiot*, les grandes tirades anti-occidentales n'ont rien à voir avec le personnage. Dans la vie antérieure que prête Camus à Meursault il y a eu des frémissements surprenants. Lui, à qui tout est indifférent, il frissonne dans sa prison quand il entend soudain les hirondelles déchirer le crépuscule. Et quand il a envie d'embrasser un témoin à son procès. Le besoin d'amitié habitera d'ailleurs tous les héros indifférents, cyniques, cruels de Camus. Avant le meurtre, Meursault est innocent sans le savoir; il découvre au moment même du meurtre qu'il rompt avec le bonheur, mais d'une manière irresponsable et que l'on peut imputer aux dieux. Après le meurtre, devenu responsable, Meursault décide de déjouer tous les pièges des mots, des juges et même du prêtre pour aller jusqu'au bout d'une liberté qui lui a fait perdre le bonheur. Cet être simple entre dans la mort comme un dieu narquois en son royaume. Il va jusqu'à réclamer la malédiction des hommes. Il découvre en fait que l'innocence n'existe pas. Et c'est là une idée essentielle par laquelle Camus domine son siècle.

L'innocence est un état d'ignorance. On peut vivre une chose innocemment. Mais elle n'existe pas. L'innocence, c'est la nostalgie d'un manque. C'est le reflet d'un au-delà inexistant. On trouve parfois ce reflet sur le visage de moines franciscains dans un couvent de Fiesole et que Camus décrit. Mais ces religieux se sont retirés du monde et ils ne sont innocents que de ce à quoi ils ne participent pas. Solitaires mais non solidaires, en somme. Reste le visage de l'enfant. Il y a un enfant chez Meursault, oui, mais les dieux le frappent.

Certes, comme chacun probablement, je change d'avis tous les cinq ou dix ans sur le symbole que représente Meursault, comme d'ailleurs pour presque tous les grands héros de la littérature et de l'histoire. J'ai longtemps pensé que Meursault disait tout parce qu'il n'avait rien à dire... Ou, plus précisément, qu'il voulait dire rien, non pas ne rien dire mais rendre le rien positif puisque les mots et le silence sont truqués. Je pense aujourd'hui qu'il y a plus et autre chose.

Meursault comprend d'instinct qu'on ne peut vivre en ce monde que dans l'instant, sans espoir, sans avenir. Ses propos ne font pas état d'un projet qui contiendrait une parcelle de confiance dans un lendemain quelconque, un minimum d'optimisme dans la certitude qu'un instant pourrait suivre. Ce sont des propos perpendiculaires. Aucune résignation à ce qui pourrait être une fatalité et qui serait une sorte de sagesse. Ses réflexes n'impliquent rien, ils sont. Plus tard, lorsque Meursault pose, sur le destin qu'il épouse et qu'il va précipiter pour ne pas le subir, un regard de liberté, il supprime, il évacue le temps. C'est déjà le refus de l'illusion sur un sens de l'histoire.

Bien plus, en refusant le prêtre, il prive les hommes du sentiment d'innocence que les bourreaux veulent avoir quand ils tuent. Il va jusqu'au bout de sa logique de révolté. Il y a une dimension nietzschéenne dans la sortie du monde de ce héros pourtant dostoïevskien.

En fait, Dostoïevski est inépuisable pour comprendre Camus. Avec Pascal et Nietzsche, c'est pour lui un maître. À un jeune visiteur soviétique qui vient le voir chez Gallimard, il indique que l'un des rares portraits qui se trouvent dans son bureau est celui de l'auteur des *Possédés* et il ajoute : « sans lui, la littérature française du XXe siècle ne serait pas ce qu'elle est ». Il met *Les Possédés* « à côté de trois ou quatre grandes œuvres, telles *L'Odyssée, Guerre et Paix, Don Quichotte* et le théâtre de Shakespeare ». Pour Camus, Dostoïevski est l'écrivain qui « bien avant Nietzsche a su discerner le nihilisme contemporain, le définir, prédire ses suites monstrueuses et tenter d'indiquer les voies du Salut ».

Mais ici, et en pensant au héros de *L'Étranger*, c'est le prince Muchkine, de *L'Idiot* – c'est-à-dire aussi d'une certaine manière de l'innocent –, que j'évoque. Dostoïevski écrit dans ses *Carnets* : « L'idiot n'est pas de ce monde, et sa venue parmi les hommes est extraordinaire. Il est qualifié de brebis. Il se mêle aux pécheurs sans perdre sa pureté. » C'est vrai. Mais tout comme Meursault, il ne sera pas innocent. Il provoquera même les pires désordres. Les deux héros ne peuvent pas être rapprochés sans artifice. Mais les deux auteurs de ces héros ont la même conception tourmentée, difficile, imprécise, en tout cas nostalgique de l'innocence. On se souvient du dialogue :

« L'harmonie du monde peut-elle reposer sur les larmes d'un enfant, de n'importe quel enfant ?

– Je ne crois pas, répond Aliocha à Ivan Karamazov.

– Consentirais-tu à être l'architecte, dans ces conditions ?

– Non, dit doucement Aliocha, qui pourtant croit en Dieu. »

Et le dialogue de continuer jusqu'à établir que si Dieu existe, il ne saurait être innocent, qu'il y a là un incroyable paradoxe mais que c'est peut-être un paradoxe que de croire.

Dostoïevski me paraît évidemment inépuisable pour comprendre Camus – et, de là aussi, notre époque. Muchkine, l'idiot, l'innocent, ne contient pas que Meursault. Son créateur dit encore de lui qu'il est à ce point maladivement fier qu'il ne peut éviter de se considérer comme un dieu, mais qu'en même temps il a la clairvoyance de se mépriser et de le faire d'une manière qui ne saurait être qu'infinie. Il est chrétien et en même temps il ne croit pas. Je ne suis pas sûr que Camus-Meursault et surtout Camus-Clamence renierait cette description au moins partielle d'eux-mêmes.

L'innocence est, autant que l'imposture, au cœur de ce livre clé de Camus qu'est *La Chute*. Le règlement de compte avec les intellectuels qu'il contient, et qui me paraissait jadis essentiel, me semble aujourd'hui secondaire. C'est la confession autocritique la plus audacieuse et la plus risquée qu'on ait jamais sinon écrite, au moins publiée – à part, peut-être, celle de Dostoïevski, encore lui, dans une confession bien oubliée intitulée en russe *Notes de dessous le plancher* et en français d'abord *Sous-sol*, ensuite *L'Esprit souterrain*. Il s'agit d'un homme qui s'enferme en lui-même pour tout se dire. André Gide dit de ce livre qu'il constitue le sommet de la carrière de Dostoïevski : « Je le considère et je ne suis pas le seul entre parenthèses, comme la clé de voûte de son œuvre entière. » Les circonstances de cette confession sont d'ailleurs bien édifiantes. Au lendemain de l'émancipation des paysans, la Russie des années 1850 vécut une intense crise politique et une montée aux extrêmes qui divisèrent l'opinion publique en un parti révolutionnaire et un parti contre-révolutionnaire. Un certain nombre de cercles dont Dostoïevski avait fait partie dans sa jeunesse commencent à élaborer la conception terroriste de la révolution. Un livre paraît de Tchernychevski, le fameux *Que faire?*, qui allait devenir le bréviaire des révolutionnaires russes et dont Lénine savait par cœur de longs passages. Dostoïevski découvre avec horreur les applications extrêmes de thèses socialistes qui l'avaient séduit. Il s'enferme et, en quelques mois, il écrit *Sous-sol* pour vitupérer avec une ironie déchaînée, comme Clamence dans *La Chute*, les justiciers aux mains propres, mais il le fait en plongeant dans son propre passé, allant jusqu'à construire, parfois de toutes pièces, des personnages qui n'étaient que le reflet d'un lui-même désavoué et piétiné. C'est là, au sens propre, la chute.

Or, lorsque Dostoïevski se rend en 1867 au Congrès de la paix, manifestation genevoise de la gauche européenne, qui rencontre-t-il? Garibaldi, Louis Blanc, Victor Hugo, Edgar Quinet, Stuart Mill et Bakounine. Bref, tout le monde. Et tout le monde paraît donner une prestigieuse caution aux propos ultra-violents des orateurs et aux interventions des révolutionnaires pourtant non invités. Un an auparavant, les attentats terroristes s'étaient multipliés en Russie, notamment celui contre le tsar Alexandre II. Dostoïevski se persuade que les libéraux, si raffinés, si séduisants, si inoffensifs qu'ils paraissent, sont finalement complices des crimes commis ou prêchés par les apôtres actuels du néant. C'est là qu'il prend la décision d'écrire *Les Démons*, qui vont tant compter pour Camus. Il y sera à nouveau question de l'innocence. Non plus simplement cette fois pour dire qu'elle n'existe pas mais pour dénoncer l'exploitation que l'on peut faire du besoin qu'on en a – de la fameuse nostalgie d'innocence.

« Nous sommes tous innocents », dit le siècle. « Vous êtes tous coupables », dit le bourreau. Ainsi revient et s'impose, de l'un à l'autre auteur, sur un siècle ou presque, la question de la terreur. Que se passe-t-il dans la tête d'un nihiliste russe, d'un brigadiste italien, d'un djihadiste saoudien ? Quel trait d'union peut-on tirer de l'un à l'autre ? Sont-ils capables d'un quelconque aveu ? Et, plus encore, d'un commun aveu ?

Le salut dans la dérision ?

De l'aveu il est tentant de se hisser vers la confession ou d'y sombrer. Dans *La Chute*, la confession est volontairement flagellatoire. C'est que Camus savait bien que ses amis, ses proches, tous ceux qui le connaissaient de près ou de loin, pouvaient l'y reconnaître, l'identifier, guetter et noter ses écarts et ses faiblesses. Mais la question demeure de savoir ce qui peut être encore sauvé après l'univers de *La Chute*. Les religieux ou les analystes répondront sans doute que, en tout cas, le seul à avoir quelque chance d'être sauvé est l'auteur. Mais à supposer que l'aveu de péché lave et innocente, adressé à un dieu qui a réglementé ses indulgences, ses petits et grands pardons ; à supposer que la fameuse catharsis procure virginité et délivrance propices à un renouvellement fécond, il s'en faut qu'on ne soit en présence que d'un inventaire de remords sophistiqués, de repentirs vicieux ou d'une opération cynique d'auto-désintoxication. Il s'agit bien, j'y reviens, du constat, et combien superbement dérisoire, de l'innocence perdue, de la communion impossible, de la perte du paradis et de l'inéluctable descente aux enfers.

Quelle actualité... ! Clamence n'est pas poursuivi par

le remords d'un crime mais par l'idée qu'il a pu sans remords le laisser commettre. Cette jeune fille qui se jette d'un pont le poursuit et le fait s'interroger sur l'innocence. D'où la fin, terrible : «Ô jeune fille, jette-toi encore dans l'eau pour que j'aie une seconde fois la chance de nous sauver tous les deux. Une seconde fois, quelle imprudence! Supposez, cher maître, qu'on nous prenne au mot? Il faudrait s'exécuter. Brr... l'eau est si froide. Mais rassurons-nous, il est trop tard maintenant, il sera toujours trop tard, heureusement.» Il sera toujours trop tard, c'est le complexe de Pilate et, heureusement, c'est l'arme secrète de notre époque.

Malgré ou à cause de son truculent cynisme, Clamence parle le mieux de la nostalgie d'innocence et de la conscience coupable. Clamence vit et ressent le monde, dit Ruth Reichelberg, comme étant celui de la faute; même si par ailleurs on nous enseigne, et Camus lui-même le fait, qu'il n'y a plus de faute, qu'il n'y a plus personne devant qui se sentir coupable et en faute. Clamence, citoyen d'un monde sans dieu et sans sauveur, continue à ressentir les choses comme si Dieu n'était pas tout à fait mort. Il est donc doublement coupable. Coupable de ne pas croire et coupable de cette culpabilité même, puisqu'il n'est personne devant qui la justifier.

Les mots de Clamence sont ici irremplaçables : «Que voulez-vous, l'idée la plus naturelle à l'homme, celle qui vient naïvement comme du fond de sa nature, c'est l'idée de son innocence. De ce point de vue, nous sommes tous comme ce petit Français qui, à Buchenwald, s'obstinait à déposer une réclamation. C'est que, disait le petit Français, mon cas est exceptionnel, je suis innocent. Nous sommes tous des cas exceptionnels.»

Et Camus de commenter : «Mais alors où était l'innocence? Les empires s'écroulaient, les nations et les hommes se mordaient à la gorge, nous avions la bouche souillée. D'abord, innocents sans le savoir, nous étions coupables sans le vouloir, le mystère grandissait avec notre science. C'est pourquoi nous nous occupions, ô dérision, de morale. Infirme, je rêvais de vertu. Au temps de l'innocence, j'ignorais que la morale existât.»

On voit bien ici ce qu'implique le sentiment ou l'illusion, en tout cas le vécu de l'innocence : «C'en est fait de l'innocence et de la lumière grecque. Nous entrons dans le monde du péché et de la culpabilité généralisée», écrivait l'étudiant en philosophie dans son diplôme d'études supérieures sur Plotin et saint Augustin. L'innocence conduit au lyrisme, au sérieux et à l'illusion de l'immortalité. D'où vient-elle? Quand nous visite-t-elle?

On sait bien que pour Camus, il s'est agi d'abord des corps et de la lumière. Cette lumière qui, dit-il, devient vite insupportable aux jeunes hommes dès qu'ils ne sont plus que des hommes encore jeunes. C'est à ce degré de distance, de rupture avec les appétits du corps que l'on s'éloigne soudain des rivages où le triomphe des sens assure en même temps la gloire et la justification. Ces heures vécues dans l'innocence sont comme des flèches; elles n'ont pas cette «Rondeur des jours» dont parlait Giono dans un livre édité par Edmond Charlot et que Camus lisait à Alger. Dans cette ascension qui ne s'observe pas, qui détient une vérité pleine et suffisante comme une preuve ontologique, on ne se trouve ni jeté dans le monde ni abandonné des dieux mais projeté par soi-même. Que faire, dès que l'on quitte ce royaume, sinon poursuivre sa route dans un éternel exil? Tarrou dit dans *La Peste* : « Quand j'étais jeune, je vivais avec l'idée de mon innocence, c'est-à-dire avec pas d'idée du tout. [...] Tout me réussissait. J'étais à l'aise dans l'intelligence, au mieux avec les femmes et si j'avais quelques inquiétudes, elles passaient comme elles étaient venues. Un jour, j'ai commencé à réfléchir. » En fait, Tarrou avait commencé à ne plus se sentir *justifié*, c'est le mot clé, par les triomphantes brûlures de la lumière.

À vingt ans, Camus comprenait que Rimbaud eût décidé un jour de cesser d'écrire. Simplement parce qu'il avait tout dit. Après avoir vu ce que l'homme a cru voir, les archipels sidéraux, les incroyables Florides, le bateau ne veut plus sortir d'une ivresse qui l'a conduit dans toutes les aventures fantastiques et dans la libre débauche du monde de l'enfance. Il ne peut plus ensuite qu'échouer sur une plage ignorée de tous et lointaine, la future Abyssinie. L'ivresse du bateau, c'est de s'être étourdi dans les cyclones d'un monde clos où les fulgurances elles-mêmes sont protectrices, un monde innocent et plein comme l'absolu de l'adolescence. On ne peut revenir de l'absolu. Après les illuminations, ce ne peut être que la saison en enfer. Après le défi prométhéen, il ne reste plus qu'à gagner les cités de l'errance. C'est le passage de l'absolu à l'humain, de l'intensité à la durée, de la passion à la tendresse ; et ce passage, qui ne peut se faire sans une véritable rupture, équivaut à une mort dont on ne sort que par la dérision, comme Clamence. Par l'humour aussi, corrige Camus.

Pas même le Christ...

Mais restons avec Clamence, héros de *La Chute*. Il a souillé jusqu'au souvenir même du bonheur. Sans doute l'a-t-il vécu avec cette innocence-ignorance et que c'est ce qui reste d'à peine lumineux, cette petite lueur dans la grisaille d'Amsterdam. Son bonheur, il le sait, a été fait de l'ignorance des autres, vécu aux dépens des autres. Le soleil est noir dans ce récit-vérité d'où rien ne peut être sauvé. Pas même le Christ... Non, pas même le Christ, accusé de souffrir sur la croix non par passion, pour sauver les hommes, mais poursuivi par le remords d'avoir été le seul rescapé du massacre des innocents. On ne peut plus oser dire, avec Eckhart : « *Plutôt l'Enfer avec le Christ que le Ciel sans lui.* » On ne peut pas croire à une réconciliation avec le monde ni avec la création. Pas plus qu'on ne peut croire que le doux Scipion, dont « le malheur est de tout comprendre », va sauver Caligula qui exerce sur Camus-Clamence cette fascination déconcertante et insupportable.

Souvenons-nous du début des *Frères Karamazov*, ce roman que Freud considérait, avec *Œdipe roi* et *Hamlet*, comme l'un des trois monuments de la littérature universelle. C'est le père, Fiodor Pavlovitch Karamazov, qui parle comme un héros luciférien d'un cynisme torrentiel, dévastateur, contagieux. C'est toute la séduction du mal ou de la malédiction. C'est l'apocalypse heureuse. Au père Karamazov, Dostoïevski oppose la vigoureuse et franciscaine douceur du starets. Contre Clamence, il n'y a personne. Au contraire, il y a cet interlocuteur muet, malmené, dominé, peut-être conquis auquel est supposé s'adresser Clamence.

C'est ici que se pose le problème de l'inachèvement d'une œuvre. Après Clamence, quoi? *Le Premier homme*? L'autobiographie contre l'autocritique? La redécouverte du sacré et la reconnaissance du divin? Camus a confirmé, après *La Chute,* qu'il ne croit ni à l'immortalité de l'âme ni à la résurrection, sans être athée pour autant. Tout en ayant le sens du sacré. Il reste dans la communauté des hommes, et son royaume, même après tous les exils, n'est que celui des hommes, avec au cœur cette nostalgie de quelque chose qui est en creux, en négatif, en reflet : l'innocence.

Il aurait pu être tentant, en effet, d'imaginer pour Camus une évolution, une fin dostoïevskienne. L'absurde n'est pas contraire à la croyance et elle-même peut être absurde. Saint Jean ne voit pas le Christ ressuscité mais il y croit plus que saint Thomas qui le touche. On a inventé d'innocenter Dieu en faisant le procès des raisons qu'il y avait de croire en lui et en dépassant superbement ainsi le problème du mal. Rien ne justifie, dans l'œuvre écrite et les propos rapportés de Camus, une telle démarche. Sans doute, Dostoïevski a-t-il parcouru certains chemins camusiens et Camus était-il fasciné par l'univers dostoïevskien. Il est vrai que l'auteur de *L'Idiot,* dans le fameux discours qu'il a prononcé pour célébrer, à la fin de sa vie, l'anniversaire de la mort de Pouchkine, répond qu'il n'y a qu'une seule religion, le christianisme, et qu'un seul peuple pour servir cette religion, le peuple russe. Cet homme, à la fin du siècle dernier, après avoir digéré tous les courants historiques et s'y être investi, après avoir mis en scène et donné vie aux héros les plus représentatifs de son temps et du nôtre, sombre dans le concept de l'élection, du peuple élu.

Avec, toujours, les mêmes considérations nobles qui ont accompagné ce concept. On est élu pour témoigner, pour être le meilleur, non pour dominer mais, au contraire, pour obéir à l'injonction d'excellence. C'est un débat qui a longtemps divisé le peuple juif, par exemple, et sur lequel le philosophe Levinas a jeté de pénétrantes lumières. Il n'en reste pas moins que le concept d'élection recèle tous les dangers potentiels, toutes les explosives virtualités. Singulièrement, on trouve les mêmes arguments dans le discours de Dostoïevski contre le matérialisme, le socialisme, l'occidentalisme et l'athéisme que dans le discours de certains intégristes musulmans – sinon chrétiens.

La seule réponse réside, je crois – et il me faut y revenir tant il m'apparaît que cette épreuve historique pour l'entière humanité reste impensée – dans les quarante pages de *L'Homme révolté* consacrées au marxisme. Car au-delà de la dérive ou de la pensée marxiste, Camus s'attache à décrypter la philosophie intérieure de l'univers marxien. C'est-à-dire qu'allant plus avant que son maître Jean Grenier, il va découvrir les sources religieuses de la nouvelle espérance révolutionnaire. C'est pour tricher monstrueusement avec la condition absurde de l'homme que les sociétés, incapables de regarder en face ni le soleil ni la mort, ont inventé la transcendance non pas seulement par Dieu mais par l'histoire. Camus ne cite pas Ernest Renan qui, bien avant Spengler, avait montré jusqu'où remontaient les traditions totalitaires et apocalyptiques des prophètes de la société heureuse. De Bouddha à Syrus, de Job à Elie, de saint Augsutin à Hegel et à Bakounine, des salafistes aux chiites, tous les visionnaires ont préconisé une discipline des cœurs pour préparer le brasier rédempteur, inéluctable prélude à tous les paradis. Tout alors était promis aux zélateurs qui suivaient le chemin de cette sagesse religieuse qu'on a dénommée science quand est née l'espérance révolutionnaire.

Dans le marxisme, Camus ne dénonce pas seulement une « idéologie qui fonctionne comme une religion » mais une religion qui se dote de tous les attributs de l'idéologie. Contrairement à Jules Monnerot, qui avait comparé le marxisme à l'islam, Camus souligne chez Marx « un messianisme scientifique d'origine bourgeoise dont les prophéties à court terme se sont révélées fallacieuses et dont les prophéties à long terme réclament le sacrifice de générations ». La fameuse fin de l'histoire n'a pas de sens, pas plus que le royaume des cieux. C'est à ce moment que Camus découvrira que l'innocence et la culpabilité sont au cœur de chaque religion et que Marx réintroduit les éléments fondamentaux de la vision religieuse : la faute et son corollaire, le châtiment, « le marxisme est une doctrine de la culpabilité quant à l'homme, d'innocence quant à l'histoire ». L'homme est toujours en situation d'être accusé de retarder le cours qui mène à la société sans classe, à la fin de l'histoire, c'est-à-dire au royaume de l'innocence que l'on retrouve ici comme dans le *Journal d'un écrivain* de Dostoïevski.

C'est à ce moment, aussi et surtout, que Camus en arrive à une grande pensée cohérente contre les théocraties totalitaires, de quelque nature qu'elles soient. Un essayiste qui ne paraissait pas mériter le titre de philosophe et auquel on découvre soudain une prophétique cohérence dans l'implacable critique de la pensée dite *eschatologique* : tel apparaît donc rétrospectivement Camus. Pour être élémentaire, cette pensée consiste à ne juger le présent qu'à la lumière de la fin de l'histoire. C'est une pensée qui implique soit le royaume des cieux, soit la société heureuse, et cette pensée est commune à toutes les religions révélées ou séculières. Avant ou en même temps que Hannah Arendt et Raymond Aron, Camus aura dénoncé toutes les illusions que l'idée de progrès a suscitées au XIXe siècle.

Une autre éthique

J'écris ces lignes au moment où la guerre du Liban pose les questions qui ont toujours été les plus douloureuses dans l'esprit de Camus sur les rapports entre la fin et les moyens. En Algérie, il a refusé de toutes ses forces que la torture et la condamnation à mort puissent être justifiées par le terrorisme. Il refusait à tout moment que l'on ressemble à son ennemi. Camus a été farouchement pro-israélien. Qui ne l'était à l'époque ? Avant les victoires de 1967, il était rare de trouver un intellectuel, un artiste, un écrivain ou simplement une personnalité connue qui n'affirme sa solidarité avec le « petit État hébreu » menacé de toutes parts. Maritain, Merleau-Ponty, Malraux, Sartre, Mauriac, Picasso et Matisse proclamaient leur sympathie. Claudel était allé jusqu'à enjoindre les Juifs de respecter le message qui leur avait été adressé pendant le calvaire du génocide, de se réenraciner en terre promise. Arthur Koestler avait publié en hommage à Israël un livre intitulé *Analyse d'un miracle*. Milan Kundera affirme dans son « discours de Jérusalem » qu'Israël représentait ce qu'il y avait probablement de plus fécond et de plus exigeant dans la civilisation de l'Europe de l'Est. On pouvait entendre ici et là quelques voix dissonantes comme celle de Maxime Rodinson ou de Genet. Mais enfin, l'idée que pût disparaître le minuscule État fondé par des intellectuels socialistes de l'Est et par les survivants des camps de concentration était insupportable. Les Israéliens se souviennent rarement de l'intensité avec laquelle les élites et le peuple français ont soutenu leur cause avant qu'ils ne soient assurés de la survie de leur État. Sans doute Camus a-t-il toujours préféré Athènes à Jérusalem – pour rappeler l'opposition de Chestov. Il ne se réfère jamais à l'Ancien Testament. Sa femme, Francine, était «quarteronne» (issue d'une grand-mère juive, il la taquinait de vouloir toujours s'en souvenir). Lui-même était entouré d'amis juifs. Mais il n'a jamais éprouvé le besoin de se situer par rapport au judaïsme, même quand il pouvait en trouver la féroce critique dans sa chère Simone Weil. En revanche, il était en état de vigilance implacable sur l'antisémitisme et, sur Israël, il était en accord avec son époque. Faisait-il un rapprochement entre deux minorités (juive et pied-noir) cohabitant avec l'islam? Je ne m'en suis jamais aperçu.

C'est depuis 1967, on le sait, que tout a changé. La victoire a providentialisé le destin d'Israël : les plus laïcs ne pouvant s'empêcher d'y voir un signe du dieu de la Terre promise.

Mais Israël est devenu aussi un occupant qui, en principe, jusqu'au retrait des forces de Gaza en 2005, suscitait, justifiait et légitimait une résistance. Je ne crois pas vraiment m'avancer trop en pensant que Camus, une fois encore, aurait approuvé l'appel de Mendès France aux Israéliens dès le lendemain de la victoire de 1967 pour qu'ils offrent une paix d'autant plus généreuse à leurs ennemis de la veille qu'ils auraient montré leurs capacités de s'enraciner dans la région. C'était surestimer la sagesse des vainqueurs dont le camp n'abrite pas longtemps, selon Simone Weil, la pratique de la justice. Un grand érudit israélien, Yeshayahou Leibovitz, devait décréter : «*Avant 1967, tout était de la faute des Arabes. Après 1967, tout est de notre faute.*» Ce dont il devait féliciter le plus de Gaulle plus tard, ce n'était pas de la gloire du 18 juin, c'était d'avoir délivré la France de la malédiction qui peut s'abattre sur un pays d'avoir à en occuper un autre.

Au fur et à mesure que le temps s'est déroulé, et que l'occupation devenait pratiquement une annexion, l'intérêt manifesté pour le sort fait aux Palestiniens s'est accru tandis qu'un cycle de terrorisme et de répression s'est installé comme en Algérie, le tout conduisant les résistants à inventer l'arme de l'attentat-suicide. Un tel attentat est aveugle et choisit même comme cibles les civils. Au nom de tout ce qu'il avait dit auparavant, Camus n'aurait pu qu'en être révolté. Mais le terrorisme suivi du suicide complique toutes les approches du problème. Le terroriste qui se suicide n'est pas un «meurtrier délicat», ce n'est pas un assassin par procuration. Il fait lui-même la sale et la suprême besogne. Il est seul juge de sa légitimité et en tant que tel, c'est à lui-même qu'il inflige le châtiment de la mort. Il échappe à la justice des hommes.

Camus n'a pas eu l'occasion de répondre à des situations de ce genre. Peut-être l'eût-il fait s'il avait eu à commenter la charte que saint Bernard a préconisée aux Templiers au milieu de la première Croisade. Encore le rapprochement eût-il été injuste dans la mesure où saint Bernard a béni le meurtre et le sacrifice mais n'a jamais recommandé l'assassinat des innocents. Il fallait tuer et, au besoin, mourir au nom du Christ et pour lui. Dans la « communauté des pécheurs » on pouvait passer de la non-violence à la guerre défensive puis à la guerre sainte. Mais il y a dans l'attentat-suicide un exploit qui fascine, inhibe, paralyse. Comme si son auteur privait les survivants de toute légitimité de jugement. Cela dit, au fur et à mesure que ces attentats ont été perpétrés au nom d'un fanatisme d'illuminés, ils ont perdu leur aura et leur funèbre et funeste prestige. Avec eux, c'est Dieu lui-même qui est piégé.

Pour ce qui est du Liban, ce fut une autre affaire. Depuis quelques années, il n'y avait plus d'occupants. Les Libanais, qu'ils fussent ou non islamistes ou même pro-palestiniens, n'avaient aucune espèce de raison d'agresser ou simplement de provoquer Israël à l'intérieur de ses territoires. Le Hezbollah l'a fait. Par la voix de son nouveau chef, Hassan Nasrallah, il l'a regretté. Car la riposte est arrivée, massive, aveugle et dévastatrice. Elle avait une fin : celle de détruire une entité islamiste constituant un État au sud de l'État libanais et détenteur d'armes sophistiquées livrées par l'Iran et acheminées à travers la Syrie. Mais les effets de la riposte ont fait l'objet de descriptions insupportables et martelées. On a totalement oublié la fin, qui d'ailleurs n'a pas été atteinte, pour concentrer la condamnation sur les moyens. Des centaines sinon des milliers d'innocents ont été bombardés. Des villages entiers ont été rasés. Un grand débat a eu lieu en France où il a été question, encore une fois, de la survie d'Israël. « Disproportion, dites-vous ? Mais c'est cela ou la disparition ! » Les écrivains israéliens comme David Grossman, qui a perdu son fils dans cette guerre, Amos Oz et A.B.

Yehoshua ont approuvé la riposte mais désavoué l'invasion, l'occupation et les bombardements indistincts. Leur attitude, qui ne tient compte d'aucune réalité géopolitique et d'aucun souci de guerre préventive contre les ambitions prêtées à l'Iran, a été, peut-on dire, camusienne. On n'emploie pas les armes de l'ennemi sinon on lui ressemble. Et en l'occurrence les armes d'Israël sont cent fois plus destructrices que celles du Hezbollah. Qu'attendre alors de ceux qui ne peuvent pas faire l'Histoire mais qui ne veulent pas pour autant la subir, autrement dit les journalistes ? Ils enregistrent de terribles images et le seul fait de les transmettre leur font prendre parti. J'avertis que je vais procéder à une interprétation discutable de ce que Camus aurait pu penser. Je préviens donc que je n'engage que moi en disant que Camus n'aurait pu approuver la riposte massive des Israéliens tout en conservant pour eux la même compassion admirative. La raison pour laquelle je m'autorise à soutenir mon hypothèse est entièrement contenue dans le souvenir de ce que j'ai rapporté sur les circonstances de sa dénonciation d'Hiroshima avant que la guerre contre les nazis ne fût terminée. Car la fin était on ne peut plus noble : on voulait en finir avec les barbares d'Auschwitz. Mais même le mal absolu du nazisme n'a pu justifier aux yeux de Camus l'usage de la bombe atomique. Les moyens avaient altéré, avili et compromis la fin.

Quel doit être le comportement du journaliste et de l'intellectuel dans les moments où l'un et l'autre doivent relater les circonstances de la terreur et témoigner pour ceux qui en sont les bourreaux ou les victimes ou les deux à la fois ? Telle est la question, et la leçon, fondamentale que, dans l'ordre de l'histoire, nous adresse

Camus. Elles correspondent à une très laïque décision, on l'a vu, de refuser la transcendance du mal. Et, en tout cas, de ne jamais aggraver, chez les hommes en conflit, une montée aux extrêmes qui n'a pour fin ultime que la mort de tous. Sur le sujet même du terrorisme, les circonstances ont tellement changé, le prix de la vie est aujourd'hui jugé si différemment, les attentats suicides posent des problèmes si redoutablement nouveaux et complexes sur la notion de victime et de martyr, que l'on ne saurait, à partir des seules réflexions de Camus, dégager une éthique adaptée à l'actualité. Mais la dénonciation du massacre des civils et des «innocents» continue de s'imposer, partout et toujours, dans les termes où Camus l'a exprimée. Il n'y a plus d'innocents depuis que les enfants prennent les armes et que les civils sont les cibles. Une leçon cependant demeure et qui, à elle seule, remplit un message : les totalitarismes idéologiques ou religieux ont eu pour point de départ des inspirations moralisantes qui conduisent à inventer «une autre éthique». Cela dit, les pages les plus belles, les plus pathétiques, les plus interpellantes de Camus sur la terreur n'en demeurent pas moins celles sur l'attitude, le comportement, l'état d'esprit de ceux qui ont pour mission de rendre compte ou se donnent la mission de juger.

Cette «force obscure»...

La pensée de Camus ambitionne enfin de corroder et même de réduire en poussière tous les mythes qui servent aux hommes d'écran entre la mort et eux. L'homme est seul; s'il s'exprime, il ne communique pas; s'il se tait, il paraît coupable; toute espèce d'espoir lui est interdit; il n'y a ni royaume des cieux ni terre promise; les révoltes sont toujours trahies par les révolutions. Rien ne sera jamais sauvé que par le soleil, l'accord avec la nature, et un impératif moral né de l'instant et réalisable dans l'instant. Au surplus, quand on le réalise, on est guetté par l'imposture. On attend l'universitaire ou le critique qui relira tout l'œuvre à la lumière de *La Chute*. Les religieux s'en sont saisis : de ce néant abyssal ne peut, selon eux, surgir que l'Être. Ils ont tort, selon moi.

Ainsi, avec la publication du *Premier Homme* en mai 1994, il est arrivé aux amis de Camus une aventure singulière. Nous étions, en le découvrant, armés de préventions, hérissés d'inquiétudes. On disait son manuscrit «inachevé». N'était-ce donc qu'une ébauche? Peu avant sa mort, on avait dit Camus assommé et asséché par sa gloire. Or, au fur et à mesure que nous avancions dans la lecture, nous avons eu l'impression de nous abîmer dans l'intime d'un homme et dans le sanctuaire d'une œuvre.

Un livre qui conduit au dialogue secret sert à la découverte solitaire comme ceux qu'on emporte dans les greniers ou sur les terrasses, pour être seul avec eux dans le silence. Après chaque chapitre, nous nous sommes téléphoné les uns les autres, pour vérifier nos complicités dans l'émerveillement. Mais oui, pour chacun, c'était cela : le texte partait du terreau de Jules Vallès et de Pagnol, côtoyait Giono, empruntait à Flaubert, s'enrichissait de Guilloux, mais s'élevait soudain jusqu'à *Maître et Serviteur* et à *La Mort d'Ivan Illitch*. Mon œuvre reste à faire, disait Camus avant sa mort. Nous l'avons cru. Nous ne savions pas qu'il l'avait faite. Lui non plus peut-être, d'ailleurs...

Dans ce livre, comme dans tous les grands livres, se confondent le destin de l'auteur, le destin d'un pays, le destin de l'homme. On y trouve aussi une espèce en voie de disparition : le peuple. Le peuple aujourd'hui n'est plus celui de Michelet, de Jaurès, de Guilloux ou de Mendès France. Le peuple n'est plus fier de ses modèles et la pauvreté, décrite comme une sainteté dans *Le Premier Homme*, est devenue, au mieux, une disgrâce, au pire un délit : il n'y a plus que des téléspectateurs et des consommateurs, des exclus victimes, bas-fond, sous-prolétariat, marginaux. Le peuple ? Ce sont les « people » de la vulgarité moderne.

Rien n'illustre mieux le sens du mot « peuple », aux yeux de Camus et de sa mère, qu'une anecdote, que je voudrais rappeler ici. Un 14 juillet, qui devait être celui de 1951, nous avons assisté à un bal, place Saint-Sulpice, Albert Camus, sa mère, quelques amis et moi.

Nous étions autour d'une table et, de temps à autre, Camus se levait pour danser avec l'une des femmes qui nous accompagnaient. Puis il est revenu près de sa mère. Il s'est assis, il s'est baissé vers elle et, d'une manière assez forte pour triompher de sa surdité, de la musique, et pour que les autres puissent entendre, il a dit : « Maman, je suis invité à l'Élysée. » Elle s'est fait répéter au moins trois fois la phrase et surtout le mot « Élysée ». Elle est restée silencieuse un long moment. Puis, elle a demandé à son fils de lui prêter l'oreille et elle lui a dit très fort : « Ce n'est pas pour nous. N'y va pas mon fils, méfie-toi. Ce n'est pas pour nous. » Camus nous a regardés. Il n'a rien dit mais il m'a semblé qu'il était fier de sa mère. En tout cas, il n'est jamais allé à l'Élysée. Le seul palais officiel où ce fils d'une femme de ménage se soit jamais rendu fut, je crois, celui du roi de Suède, pour y recevoir le prix Nobel.

C'est encore une façon de dire que ce qui relève de ce qu'on appelle aujourd'hui la politique l'inspirait moins que ce qui relève du comportement en face du destin. Avec le temps, nous découvrons à notre tour que la vie n'a pas de sens et ce n'est pas le commencement de ce siècle qui pourrait nous incliner à penser autrement. Mais nous savons aussi, et avec la même intensité, que certains hommes, eux, arrivent à donner un sens à leur vie, en quelques circonstances privilégiées. Lorsqu'ils aiment et lorsqu'ils créent. Lorsqu'ils arrivent dans un éclair à discerner quelque chose qui ressemble au Bien, au Vrai et au Beau. Lorsqu'ils sont assez heureux pour avoir envie de protéger les instants de bonheur des autres.

Mais il y a de plus une façon camusienne de passer de la ferveur à la nostalgie, qui m'étreint le cœur chaque fois que j'en trouve les accents. De ce point de vue, les dernières pages du *Premier Homme* me paraissent définitives et sans égales. «Lui, comme une lame solitaire et toujours vibrante destinée à être brisée d'un coup et à jamais, une pure passion de vivre affrontée à une mort totale, sentait aujourd'hui la vie, la jeunesse, les êtres lui échapper, sans pouvoir les sauver en rien, s'abandonnait seulement à l'espoir aveugle que cette force obscure qui pendant tant d'années l'avait soulevé au-dessus des jours, nourri sans mesure, égale aux plus dures des circonstances, lui fournirait aussi, et de la même générosité inlassable qu'elle lui avait donné ses raisons de vivre, des raisons de vieillir et de mourir sans révolte.»

Au moment où il écrivait ce texte, dans sa maison de Lourmarin, en quoi consistait cette fameuse «force obscure» capable de le soulever, de le nourrir, et où il espérait puiser pour accepter la vieillesse et la mort?

On pourrait se contenter d'une interprétation vitaliste et romantique de ce «testament». La «force» est sans doute obscure, donc irrationnelle, mais comme l'oxygène du sang, l'explosion des sens, l'énergie de l'âme. À la rigueur pourrait-on la dire «païenne». Cependant, Camus prétend se servir de cette force avant qu'elle ne disparaisse avec la jeunesse pour la reconvertir en accueil de l'âge en consentement à la mort. Espérance en effet téméraire ou aveugle. Camus laisse toujours échapper de sa plume, comme malgré lui, une évocation indirecte ou implicite de la transcendance.

J'ai dit que les rapports de Camus avec la religion ou avec Dieu étaient complexes. Catholique par son père breton et sa mère espagnole, il appartenait à une génération de prolétaires éduqués dans la haine de l'Église.

Tous ses maîtres d'enfance et de jeunesse ont été des anticléricaux. Il faut lire à la fin du *Premier Homme* la lettre incroyablement émouvante de l'instituteur grâce auquel Camus a pu continuer ses études et auquel il est resté fidèle toute sa vie. Cet instituteur s'alarmait, dans son extrême vieillesse, qu'on osât faire pénétrer la religion à l'école...

Pourtant, Camus devait instinctivement se détourner de toute espèce d'hostilité. Quelle que fût sa méfiance à l'égard des prêtres espagnols, par exemple, et de la hiérarchie catholique française, il voyait dans le combat anticlérical une sorte de vulgarité, sinon de bassesse. Il appréciera très vite la compagnie de certains jésuites et de certains dominicains. Il disait volontiers qu'il était préférable d'avoir quelques religieux autour de soi, « on ne sait jamais, on ne peut jamais savoir ». Laïc, agnostique, athée peut-être, cet homme n'a jamais voulu dire un non radical aux religieux, sinon à la religion. Il était sensible à ce qui conduit une âme à se consacrer à cet Être inexistant. Il a adoré le *Dialogue des Carmélites* adapté pour le théâtre par Bernanos, et il a adapté lui-même le *Requiem pour une nonne* de Faulkner. Enfin, on ne peut oublier que depuis 1945, il s'est consacré à l'édition des *Œuvres complètes* de Simone Weil et cela seul, disait volontiers le romancier polonais Ceslaw Milosz, lui aurait fait mériter le prix Nobel.

Toutefois, c'est par le détour, on l'a vu, d'une critique de la pensée marxiste que Camus a trouvé sa vraie cohérence antireligieuse. Après avoir dénoncé les théocraties totalitaires, il va être difficile ensuite à Camus de se réconcilier avec Dieu. Il ne le fera pas. Il respecte les mystiques et non l'objet de leur contemplation. Il n'a aucun respect pour cet Absolu qui est contraire à la Vie :

la fameuse «force obscure» ne peut être que généreuse. Il disait des bolcheviques qu'ils étaient des intégristes. Il est évident qu'il dirait aujourd'hui que les intégristes islamistes sont à leur manière des bolcheviques – ou, ce qui revient au même, des *islamo-fascistes* comme l'affirme d'ailleurs avec sérénité et autorité un universitaire français et musulman, Abdelwahab Meddeb.

Savoir s'il souffrirait aujourd'hui du destin de l'Algérie depuis qu'elle est indépendante est une question frivole. Il n'est que de lire et relire *Le Premier Homme*. Que devient une patrie quand elle cesse de l'être ? À quel moment l'expression «patrie» s'impose-t-elle ? Pour ma part, tout en retrouvant dans mes souvenirs d'Algérien la même exaltation sensuelle que lui, tout en partageant le même amour de ces paysages et des lumières qu'ils dispensent, si imprégné que je sois des rites et des protections qui rendirent triomphante l'aube de ma jeunesse, je n'ai jamais connu cette constante nostalgie du pays qui fut la sienne et qui lui fera dire, le jour même de la remise du Nobel, qu'il n'a jamais rien écrit qui ne se rattache à la terre où il est né. La transformation de ma terre natale en «patrie» non française n'a pas eu lieu, l'idée d'être un étranger en France ne m'a jamais habité. Je me suis, au fond, toujours senti plus méditerranéen que spécifiquement algérien, ce qui pourrait expliquer d'ailleurs que j'aie mis moins de temps que Camus à prendre mon parti de l'indépendance de l'Algérie. Et à prendre le parti d'accompagner les Algériens dans leurs rêves et dans leurs luttes pour l'émancipation. Un homme pour lequel le déchirement algérien a été le plus cruel est certainement le poète et critique, kabyle et chrétien, Jean Amrouche. On lui doit les plus grands et les tout premiers entretiens radiodiffusés avec

Claudel, Gide et bien d'autres. Il était, lui aussi, l'ami de Camus. Ou plutôt, comme Jules Roy, il était véritablement amoureux de Camus sans que l'on sût si cet amour était partagé. Il a épousé très tôt la cause des nationalistes algériens et, plus précisément, du FLN. Camus, qui avait déjà été séparé d'Amrouche par un désaccord sur l'autonomie d'une maison d'édition, s'est évidemment et davantage éloigné. Amrouche me disait comprendre – « mieux que personne au monde » – ce que moi-même je pouvais ressentir. Un an après la mort de Camus, nous nous sommes trouvés, Amrouche et moi, dans deux cliniques différentes. Il avait un cancer, j'avais été grièvement blessé à Bizerte. Jules Roy, parfois accompagné de l'émouvante actrice Annabella, faisait le va-et-vient entre nos deux cliniques. Un jour, il crut pouvoir dire à Jean Amrouche que mon état s'aggravait et qu'il devait s'empresser de me téléphoner. J'ai alors entendu ce poète, impérial, précieux et pathétique, me dire que nous disparaissions tous les deux avec la blessure que l'éloignement de Camus nous avait infligée, mais avec la certitude que l'Algérie serait indépendante. De toute part nous parvenaient les échos des tumultes qui y conduisaient. Ses amis et les miens redoutaient pour nous les menaces de l'OAS. La dernière pensée de Jean Amrouche fut pour Camus. Il est mort, lui, deux jours après cette conversation, avec l'idée que je le précéderais.

Amrouche était obsédé par le souci que l'Algérie indépendante ne reconnaîtrait pas la gloire de l'un de ses enfants. J'ai pensé à lui losqu'il s'est passé à Alger un événement camusien d'une rassérénante importance en avril 2005. Un colloque sur Camus organisé à l'Université d'Alger a conduit à une véritable réintégration de l'auteur de *L'Étranger* dans le patrimoine de sa terre natale. Les débats ont été contradictoires et passionnés. De nombreux écrivains et étudiants algériens se sont retrouvés avec aisance et gratitude dans l'univers camusien tandis que le président de la République algérienne, délaissant un moment une polémique anachronique sur la colonisation, me disait son admiration « charnelle » pour la prose de ce fils authentique de l'Algérie. Il savait par cœur des passages de *Noces*. Les Algériens « officiels » revenaient de loin. En principe, aucun d'entre eux n'avait digéré le fait qu'après la réception de son prix Nobel à Stockholm Camus avait répondu qu'il préférait sa mère à la justice. D'abord, la citation a été tronquée et l'est encore constamment. Il a dit en réalité : « En ce moment on lance des bombes dans les tramways d'Alger. Ma mère peut se trouver dans un de ces tramways. Si c'est cela, la justice, je préfère ma mère. » Sur le moment, à Stockholm, le débat en était resté là. Mais la phrase tronquée devait faire le tour du monde. Et il est vrai qu'en dépit du culte méditerranéen que j'avais pour ma mère j'ai fait partie moi-même, à Paris, des intellectuels qui ont été très gênés par la phrase de Camus. Or voici que, comme lisant dans mes pensées, M. Bouteflika me dit : « Vous savez comment je vérifie que Camus est un véritable enfant de l'Algérie ? C'est lorsqu'il dit que si sa mère était attaquée, il préférerait la défendre plutôt que la justice. Et bien, c'est exactement ce que je sens, ce que je ferais, et je ne vois pas pourquoi Camus n'aurait pas eu le droit de le dire. » Ainsi, un demi-siècle de discussions autour d'une phrase se trouvait effacé grâce aux humeurs du prince. Cet épisode aurait fait le bonheur des derniers moments de Jean Amrouche.

Un ami algérien à qui je rapportais ces propos m'a dit que c'était pour les mêmes raisons que tous les Algériens avaient approuvé Zidane lorsque le champion avait compromis une épreuve internationale suivie par le monde entier à la télévision en donnant un coup de tête dans la poitrine d'un joueur italien qui avait injurié sa famille. Mais cette indulgence a été partagée, aussi, par presque tous les Français...

« *Nous n'avons pas menti !* »

Invité à faire le bilan des réussites et des échecs de son expérience à *Combat*, Camus, en réunion publique, a répondu : «Au moins, nous n'aurons pas menti!» Je ne trouve pas indifférent qu'il ait parlé de sa volonté de combattre le mensonge plutôt que de sa réussite à atteindre une vérité. Le mensonge est plus facile à définir que la vérité. Parce qu'il est une relation avec la vérité et non son absolu. Tandis qu'il y a plusieurs vérités – on le sait, chacun a la sienne. On peut être dans le mensonge par omission, par occultation, par déformation du fait, mais d'un fait reconnu comme tel par le consensus que l'on appelait jadis le «bon sens» ou naguère «l'accord des esprits». Tromper, falsifier, manipuler, déguiser une vérité commune à une société : Camus déclare qu'il faut se trouver contre ces procédés en état de vigilance obsessionnelle. Cela consiste à dénoncer le fait d'occulter la misère en Kabylie, le fait de truquer les élections en Algérie, de faire disparaître d'une photo stalinienne la présence de Trotski, de se servir de Dieu ou de l'Histoire pour dominer, asservir, paralyser... Et cela pour ne pas ajouter au malheur du monde et ne pas condamner les êtres à la séparation puisqu'il n'y a qu'une seule vérité, certes, mais au moins une vérité commune à une société humaine.

Camus ne nous invitera pas tout le temps à faire de telles distinctions. Il a, comme tous les penseurs, comme tous les grands écrivains, des contradictions révélatrices. La misère est porteuse d'une vérité, de celle que l'observateur se crée avec son souvenir. Encore une fois, je trouve plus modeste de s'insurger contre le mensonge que de se définir par rapport à la vérité. Camus lui-même, dans le Discours du Nobel, ne disait-il pas que la vérité est « mystérieuse, fuyante, toujours à conquérir » ? Et j'aime aussi cette citation. Il avait conscience de la pluralité, de la plurivocité des significations de la vérité.

En quoi peut-elle consister, dès lors ? Je pensais à Camus en lisant, sur le conseil d'un jeune scientifique, les archives retrouvées du procès de Galilée. Le pape Benoît XVI n'hésitait pas à dire jadis qu'il n'était pas loin de partager avec Galilée l'idée que la terre tournait mais que lui avait la mission de laisser la certitude scientifique se transformer en conviction pour définir une vérité. Autrement dit, ce prélat conciliait sa dévotion supposée pour la transcendance avec celle de l'évidence partagée. Il faut qu'il y ait accord des esprits, il faut que ce soit le bon sens le mieux partagé du monde, il faut que la vérité soit ce qui réunit.

Sur la vérité, Camus, afin de montrer la complexité de ses conceptions et pour qu'on ne lui en fasse pas le reproche, finira par se déterminer ainsi : il dira un jour qu'il ne saurait plus admettre aucune vérité qui pût le mettre dans l'obligation directe ou indirecte de faire condamner un homme à mort. Il ne laissera entendre là aucune vérité. Il ne dira pas que ce ne serait pas la

143

vérité. Il ne dira pas « la vérité n'existe pas si... ». Il dira « aucune vérité qui pourrait... ». Il laisse donc entendre qu'il peut y avoir une vérité mortifère, une vérité immorale ou que la vérité pourrait être autre que ce qu'elle dit être. Et, là, il est dans le vrai.

En fait, la vérité dont parle Camus est la vérité de la vie, la difficulté de la vérité à s'incarner dans la condition humaine, le fait que cette condition réclame des notions communes à tous les hommes puisqu'elle implique de souffrir, de mourir – et, au fond, une dure lucidité. On pourrait demander, à ce moment-là : que veut Sisyphe ? Il désire accomplir ce que La Rochefoucauld estime impossible, à savoir regarder le soleil et la mort en face. C'est pour y parvenir que Camus entend se mettre, dit-il, « en extase de lucidité ». Singulière expression qui évoque la contemplation éblouie et le tranquille défi du Prométhée avant la chute.

On voit bien qu'il s'agit d'affronter la double vérité du bonheur et de l'absurde et non pas de se projeter vers elle avec la passion que recommandait Platon et qui enchantait un grand professeur aussi sceptique que le philosophe Alain. Ses disciples – de Simone Weil à André Maurois et à Jean Prévost – rapportent comment, chaque année, la classe débutait par une inscription au tableau en lettres d'affiche. Alain écrivait en gros, dans une sorte de transport, ce mot de Platon : « Il faut aller à la vérité de toute son âme. » C'est ici le mouvement vers la vérité qui est aimé pour lui-même, autant, et sinon plus, que pour l'objet de la vérité. Pour Camus, la vérité est une obligation qui peut être douloureuse et qui n'est pas forcément récompensée. Mais, pour lui comme pour Alain, qu'il s'agisse d'une passion de l'âme ou d'une mystique de l'intelligence, l'exigence de dévotion est la même. Absolu doit être le respect que l'on a pour la vérité – précisément parce qu'on ne peut pas l'atteindre aussi ; elle est dans l'absolu.

Il y a, me semble-t-il, un terrain où Camus est plus à l'aise que partout ailleurs dans sa dénonciation pathétique, exigeante, pascalienne du mensonge, et c'est probablement celui qui a trait à la comédie, dans un certain sens particulier de ce mot. C'est dans *La Condition humaine*, je crois, que Malraux écrit : « Être un homme, c'est réduire au maximum sa part de comédie. » Cette formule m'avait tellement frappé que je m'en étais ouvert à celui que je considérais comme mon maître. Pour lui aussi, derrière le mensonge, l'idée de l'imposture était encore plus importante. Comme le montre la nouvelle *Le Renégat*, description accusatrice qui a l'air d'une autocritique, c'est à ce moment-là que l'exigence de la lutte contre le mensonge se montre la plus nue, la plus authentique. On ment sur ce qu'on est et même sur ce qu'on veut être. Se défendre contre les regards inquisiteurs traduit, à la fin des fins, un mensonge sur soi-même. On se montre autre que l'on est pour se cacher ce que l'on est, pour ne pas penser à y revenir. Personne n'a mieux que Clamence, le héros de *La Chute*, traduit son obsession de l'imposture d'un bout à l'autre de sa vie, par les silences volontaires quelquefois, par les fuites dans le théâtre, par les jeux, par la méfiance qu'il avait de lui-même, par le doute qu'il avait sur le mérite de sa célébrité ou bien la victoire qu'on lui prêtait sur des contemporains.

Retour à l'air du temps

Lorsqu'il écrit *Noces*, Camus est encore sous l'influence du Gide des *Nourritures terrestres* et du livre de Jean Grenier *Les Îles*. Mais peut-être, lorsqu'il a défini, à propos de sa dénonciation d'Hiroshima, l'intellectuel comme « l'homme qui résiste à l'air du temps » n'avait-il pas oublié le grand exemple donné par Gide en 1936. Le célèbre écrivain, qui venait de déclarer qu'il donnerait sa vie pour que l'expérience soviétique réussisse, a été reçu à Moscou comme un génie de tous les temps et comme un chef d'État. Un tel accueil, de tels égards, étaient infiniment rares et ont suscité la considération universelle. Pourtant, en dépit de cette consécration dont seul un Romain Rolland ou un Gorki avait été bénéficiaire, lorsqu'il va se sentir progressivement offensé et même agressé par les manifestations de servilité des courtisans à tous les niveaux et par le spectacle d'un despotisme tentaculaire concentré dans les mains d'un seul homme, lorsque peu à peu il pressent qu'il ne pourra pas se taire, lorsque enfin il prend conscience qu'il va mettre en péril l'une des grandes espérances de la civilisation et le grand rêve, en France, du Front populaire, alors il lui faut un certain héroïsme moral pour résister à «l'air du temps». En écrivant *Retour de l'URSS*, il rompt avec tout : un parti, un pays, des amis et cette espérance même qu'il avait contribué à entretenir.

Avant Camus, Gide a été pour moi le grand initiateur. Si j'ai, m'a dit Camus, la même passion que Gide pour Nietzsche et pour Dostoïevski, ce n'est pas un hasard. Et il n'oubliait pas que c'était Gide qui avait le mieux contribué à faire connaître les œuvres de Nietzsche en France. J'ai dit ce que l'on pouvait tirer comme leçons de l'héritage camusien dans le domaine du journalisme. Mais je voudrais le compléter en faisant participer les plus jeunes lecteurs à notre dette envers Gide. À tort, on l'enferme parfois dans ses inclinations pédophiles et ses intermittences antisémites. Il nous a appris l'anticolonialisme (avec son implacable *Voyage au Congo*), les impasses de toute justice (avec les *Souvenirs de la Cour d'Assises*). Il nous a transmis surtout sa curiosité éperdue pour le différent, le dissemblable et le contradictoire. Tout ce qui lui était contraire ou opposé l'attirait. Chaque fois qu'un mur se dressait (naissance, éducation, religion, sexe, etc.) il ne songeait qu'à regarder par-dessus. «Les extrêmes me touchent», disait-il.

Quand j'ai connu Camus, j'avais déjà hérité de Gide le goût et le sens de la complexité que je devais sans cesse m'efforcer d'appliquer dans le journalisme tandis qu'Edgar Morin en théorisait savamment le concept. C'est grâce à Gide que j'ai eu horreur du péremptoire, du dogmatique et du sentencieux. Mais c'est grâce à Camus qu'après avoir été tenté de sacraliser le différent et le complexe, j'ai redouté que l'un et l'autre pussent mettre en péril l'universel.

Ce que je viens d'écrire sur Gide accentue la dimension subjective, personnelle et quasiment autobiographique de mon présent témoignage sur Camus. Et de plus il le date, car il le transporte dans une époque lointaine, donc en principe révolue. Mais n'oublions pas ce dont nous sommes convenus au début de ce livre : c'est de découvrir en profondeur les raisons qui conduisent précisément tant de lecteurs à aller chercher un écho à leurs questions fondamentales dans l'œuvre d'un homme de cette époque révolue.

C'est qu'aujourd'hui nous ne pouvons plus faire comme Stefan Zweig : évoquer «*le Monde d'hier*». La disparition de l'enchantement de l'empire austro-hongrois auquel il s'arrimait avec nostalgie lui paraissait le point final d'une civilisation – à vrai dire, selon lui, la seule qui fût digne d'être vécue. Emportant avec lui, et semble-t-il malgré elle, sa jeune femme dans la mort et alors que tous les égards lui sont prodigués par une société respectueuse et hospitalière, ce qu'il exprime c'est qu'il ne peut plus y avoir de lendemains du totalitarisme pour plusieurs générations. C'est par le suicide que lui, Zweig, résiste à l'air du temps.

Nous avons vécu, nous, ces lendemains comme la chute des grands empires totalitaires. Nous avons senti renaître en nous quelque chose qui ressemblait aux illusions du progrès. Nous ne pouvons pas idolâtrer l'époque où l'on se passait de la connaissance des secrets de la vie et du cosmos. Nous ne pouvons pas nous plaindre de la suppression des distances et de l'avènement des citoyens d'un seul monde. Et pourtant nous subissons, enivrés et interdits, toutes les régressions que les progrès engendrent. La terre est trop peuplée, le déracinement trop brusque, l'errance trop convulsive, la mauvaise conscience trop universelle, la liberté trop vide, la vitesse trop étourdissante. Chacun, partout, parle de déclin parce qu'il n'a comme repère que la nostalgie. Par-dessus tout nous découvrons, comme jamais sans doute l'humanité ne l'a fait, le règne de l'imprévisible. Le sentiment se répand partout et à chaque moment que tout est possible : d'effroyables retours en arrière comme les génocides, les famines et les grandes épidémies et d'audacieux bonds en avant dès qu'il s'agit de calculer le parcours d'une nouvelle planète. Si tout est possible et si l'on ne peut rien prévoir, alors il ne nous reste plus rien qu'à vivre au présent avec les seuls appétits et les seuls principes que nous nous donnons à nous-mêmes. Dans un certain sens, c'est ce que je crois avoir compris lorsque Camus préconisait que pour faire notre métier d'homme, il fallait arriver à être des Sisyphe heureux. Mais je sais de même, aujourd'hui, à l'aube convulsive du XXIᵉ siècle, que les hommes n'y arrivent jamais vraiment et qu'ils sont tentés de chercher partout dans le passé les mythes identitaires qui leur donnent des raisons de vivre et, plus souvent, de mourir.

Épilogue

Mort ? Ou vivant, toujours plus vivant, même si autrement ? Les jeunes gens n'ont pas besoin d'une initiation à Albert Camus. Ils se plongent dans son œuvre d'eux-mêmes et ils y retrouvent, quel miracle, leur sensibilité. On lit toujours *Les Mots* de Sartre. Quel bonheur ! Mais on lit moins *L'Espoir* de Malraux. Comme c'est injuste ! Car c'est le plus grand reportage de notre littérature. Et c'est aussi le roman qui donne au journalisme ses lettres de noblesse avec les *Choses vues* de Victor Hugo, le *Bloc-notes* de Mauriac et *L'Adieu aux armes* d'Hemingway. Et j'en suis mortifié. Cela dit, on n'a jamais autant lu *L'Étranger* : des millions d'exemplaires... et je m'en émerveille. Pourtant, si un adolescent me demandait le meilleur moyen d'accéder à l'œuvre de Camus, je m'avise soudain que je lui donnerais un singulier conseil. Ce serait de commencer précisément par *Le Premier Homme*, que je viens d'évoquer. Ce roman inachevé, publié trente-quatre ans après sa mort, et reconstitué grâce à la compétence dévote de Catherine Camus. Et cela même est une histoire fantastique : je veux dire l'idée que l'on peut avoir de commencer par une fin incertaine.

Je donnerais ce conseil d'abord parce qu'il s'agit d'une prodigieuse ébauche. Aussi prodigieuse que les ébauches de Rodin, lorsqu'il a commencé son « Balzac ». Ensuite, parce que tous les amis de Camus ont retrouvé dans ce livre, avec émerveillement, toutes les racines, toutes les obsessions, toutes les idées simples et fondamentales de l'auteur. Son enracinement tolstoïen dans le peuple et la pauvreté. On se souvient qu'il plaçait très haut *Maître et serviteur* de Tolstoï, *La Douleur*, d'André de Richaud, *La Maison du peuple*, de Louis Guilloux.

Quant à la fameuse dimension solaire qui le fait constamment osciller entre le bonheur et l'absurde, entre la lumière et la mort : « J'ai constamment vécu comme un être comblé et menacé », on la retrouve à l'état sublimé et lancinant dans ce *Premier Homme*. Y compris ce singulier sentiment de la nature que lui déniait Mauriac, parce qu'il ne savait pas parler des arbres et que le romancier de Malagar était insensible à l'univers sans horizon du désert et de la mer. On est ainsi mieux préparé à dévorer *Noces* et à comprendre *L'Étranger*. Si pourtant j'avais d'autres conseils à donner au même adolescent, ce serait sans doute de posséder le si précieux petit livre de Pierre-Louis Rey dans la collection *Découvertes* parce que l'on est plongé immédiatement dans l'univers camusien grâce aux photographies et aux textes. Mais j'aurais envie de lui signaler deux autres livres, écrits il y a très longtemps. Curieusement, leurs auteurs ont le même patronyme : Jean Grenier, le philosophe ; Roger Grenier, le nouvelliste. Le premier est un disciple de Lao-Tseu, corrigé par Paul Valéry et Paulhan. Le second est tout simplement notre Tchekhov. On n'est jamais allé plus loin qu'eux dans la pénétration – dans la divination – des secrets de Camus.

La lucidité, c'est de parcourir le chemin qui va de l'humilité idéologique à la sainteté militante. Cette sensibilité n'était pas, à son époque, dans «l'air du temps»! Mais si l'on écarte le refuge dans le religieux ou la fuite dans l'idéologie, restent l'impératif de la création heureuse comme l'urgence d'une compassion active mais toujours contrôlée. C'est ce en quoi Camus reste notre contemporain. C'est pourquoi, sans doute, les jeunes continuent de le lire.

REMERCIEMENTS

Il arrive que ce livre contienne des fragments de textes extraits de plusieurs conférences. Je n'aurais pu les réunir et les reconstruire sans les intuitions thématiques de Jean-François Colosimo, la lecture, comme toujours attentive et critique, de Josette Alia et de Serge Lafaurie et le concours vigilant de Véronique Cassarin-Grand.

PREMIÈRE PARTIE

DEUXIÈME PARTIE

Ouvrage composé
par Dominique Guillaumin, Paris.
Achevé d'imprimer
par l'Imprimerie Floch
à Mayenne, le 8 février 2007.
Dépôt légal : février 2007.
1ᵉʳ dépôt légal : novembre 2006.
Numéro d'imprimeur : 67637.

ISBN 978-2-07-078193-5 / Imprimé en France.

151064